EDUARDO BAURA DE LA PEÑA
THIERRY SOL

IGLESIA, PERSONAS Y DERECHOS

Curso introductorio al derecho canónico

EDICIONES UNIVERSIDAD DE NAVARRA, S.A.
PAMPLONA

Cupón para la Biblioteca Virtual

Accede a la versión eBook de este título por solo **1,99 €**. Con la compra de este libro puedes utilizar el siguiente cupón para la lectura en *streaming** desde la Biblioteca Virtual. **Sigue estas instrucciones** para visualizar tu libro:

1. Dirígete a la web de la Biblioteca Virtual **https://ebooks.eunsa.es/library**.

2. En la web ve a **Iniciar sesión** e introduce tu email y contraseña. Si no estás registrado, deberás completar el proceso en **Registrarse**.

3. Tras registrarte, accede a la página del libro o lee el QR de esta página. Bajo el precio podrás **insertar el código oculto en el siguiente cupón** para activar la promoción.

Despegue para visualizar

Acceso directo al eBook

Canjéalo en ebooks.eunsa.es

*Con acceso a internet desde cualquier navegador.

Esta publicación ha sido posible gracias a la ayuda del *Centro Académico Romano Fundación* (CARF)

Chiesa, persone e diritti. Corso introduttivo al diritto canonico, Pontificia Università della Santa Croce, Subsidia Canonica 36, Edusc, Roma 2022.

Traducción al español de Jorge Castro Trapote

Primera edición: 2024

© Copyright 2024. Eduardo Baura de la Peña y Thierry Sol
   Ediciones Universidad de Navarra, S.A.

ISBN: 978-84-313-3922-7
DL NA 141-2024

Fotografía de la cubierta: Trittico del Giudizio Universale, Fra Angelico
Fuente: Wikipedia

Imprime: Podiprint

Ediciones Universidad de Navarra, S.A. (EUNSA)
Campus Universitario • Universidad de Navarra • 31009 Pamplona • España
+34 948 25 68 50 • www.eunsa.es • eunsa@eunsa.es

ÍNDICE

LECCIÓN III

EL DERECHO CANÓNICO EN LA HISTORIA

LECCIÓN IV

LAS RELACIONES ENTRE LA IGLESIA Y LA SOCIEDAD CIVIL

LECCIÓN V

PRINCIPIOS JURÍDICOS CONSTITUCIONALES DE LA IGLESIA

LECCIÓN VI

LOS DERECHOS Y DEBERES FUNDAMENTALES DE LOS FIELES

LECCIÓN IX

PERFILES JURÍDICOS DE LA VIDA CONSAGRADA

LECCIÓN X

EL GOBIERNO JUSTO EN LA IGLESIA

PRÓLOGO

Este texto, fruto de un curso impartido en los últimos años en la Facultad de Teología de la Pontificia Universidad de la Santa Cruz, se dirige principalmente a quienes desean comprender en qué consiste el derecho canónico y cuáles son las principales nociones que subyacen en las relaciones jurídicas intraeclesiales.

La finalidad pedagógica de la obra marca decisivamente su metodología. En particular, se ha decidido prescindir de cualquier aparato crítico o de notas a pie de página. Al final de cada lección se ofrece una "orientación bibliográfica", deliberadamente reducida, pensando en las necesidades y circunstancias reales de los estudiantes que deseen profundizar en algunos de los temas tratados en obras de carácter general, en su mayoría destinadas también a la enseñanza.

Las lecciones I, II, V, VI y X han sido escritas por Eduardo Baura, mientras que Thierry Sol ha editado las lecciones III, IV, VII, VIII y IX. Se han conservado los diferentes estilos y enfoques de los autores, tratando de mantener un equilibrio entre los temas tratados. En cualquier caso, los dos autores parten de la convicción de que el estudio del derecho canónico no trata de la ley eclesiástica, sino de lo que es justo en la Iglesia. Por ello, el libro no intenta ofrecer una exposición de las normas vigentes, sino que pretende proponer los conceptos y nociones jurídicas fundamentales en el marco de los problemas jurídicos actuales. Inspirándose en la intuición de Michel de Montaigne de que "es mejor tener la cabeza bien estructurada que la cabeza bien llena", el libro favorece la tematización de los argumentos más que la exposición prolija de su contenido. Este criterio ha sido decisivo a la hora de elegir los temas que se habrían de tratar en un curso breve. Aunque esta opción ha supuesto el abandono de cuestiones de indudable interés, los temas propuestos se sitúan en el centro de la problemática jurídica en la Iglesia y pueden ser adecuados por sí mismos para ofrecer una visión correcta de lo que es el derecho en la Iglesia. Los autores esperan que el estudio de la dimensión de la justicia inherente a la realidad eclesial ayude a comprender mejor el misterio mismo del Pueblo de Dios.

DERECHO, JUSTICIA Y NORMA

RESUMEN: 1. *Las nociones sobre el derecho* canónico; 1.1. Los diferentes significados de 'derecho'; 1.2. Las diferentes definiciones de 'derecho canónico'. 2. El derecho como *ipsa res iusta*. 3. *Análisis de la virtud de la justicia*; 3.1. El *suum*; 3.2. Significado de "dar" a cada uno lo suyo. 4. *Título y fundamento del derecho*. 5. *Derecho y ley*. 6. *El conocimiento ddel derecho*.

1. NOCIONES SOBRE EL DERECHO CANÓNICO

1.1. *Los diferentes significados de 'derecho'*

Para estudiar el derecho de la Iglesia, es imprescindible tener presente el misterio de la Iglesia, como ha recordado el Concilio Vaticano II (*Optatam totius*, n. 16). La Iglesia, siendo un misterio, no puede ser perfectamente comprendida, pero se puede tener un conocimiento de aquello que la Iglesia dice de sí misma. El canonista debe basarse necesariamente sobre un conocimiento mínimo de la eclesiología. Si se partiera de una noción errónea del misterio eclesiológico, se caería inevitablemente en una concepción distorsionada del derecho canónico.

Al mismo tiempo, hay que partir de una idea correcta de lo que es el derecho. La observación no es banal, dado el uso polisémico de la palabra *derecho* en el lenguaje común, y el hecho de que la corriente de pensamiento conocida como positivismo jurídico, que tanta influencia ha tenido en la teoría y sobre todo en la práctica durante los dos últimos siglos, ha oscurecido la concepción clásica del derecho.

En primer lugar, el concepto de derecho se combina con el de justicia. Así, se considera que dar a cada uno su derecho es una acción justa, y si se observa que a alguien se le ha lesionado su derecho, se considera que se ha cometido una injusticia con él.

A veces, sin embargo, la idea de derecho se vincula al poder: es el derecho de alguien a comportarse de una determinada manera o incluso a obligar a alguien a observar una determinada conducta. No es infrecuente pensar en el derecho como el producto del poder político: el derecho establecido por la autoridad.

Por último, dado que la ley reconoce y establece derechos, e indica lo que es justo hacer o no hacer, por un fenómeno de metonimia, se tiende a identificar el derecho con la ley o, más en general, con la norma. También hay que tener en cuenta que el derecho de toda persona tiene una dimensión de obligatoriedad (se debe respetar), es decir, de normatividad.

> La identificación del derecho con la ley o con aquello que es definido por la ley puede observarse incluso en el lenguaje. Es curioso constatar que en las lenguas latinas se conservan todos los derivados del vocablo *ius* (jurisprudencia, jurídico, justicia, juez), pero la propia palabra *ius* se traduce como derecho. Esto se debe a la aparición del cristianismo, que concibe la ley como el camino, la vía, que conduce al bien, que indica la dirección; es justo seguir la dirección indicada por la ley y, por tanto, en las lenguas occidentales el término *ius* se sustituye por la palabra *directum*, "derecho" (*derecho, direito, droit*, en las lenguas derivadas del latín, *Recht, right* en alemán e inglés).

Más allá de la terminología, lo importante es no olvidar la realidad. En efecto, se constata, por una parte, que existen "derechos" de personas concretas y, por otra, que existen necesariamente leyes emanadas por el legislador legítimo; es decir, existen derechos y normas. Si se considerara que todos los derechos y deberes jurídicos emanan de la ley, se caería en el normativismo, que es una visión reductiva del fenómeno jurídico. En realidad, hay derechos que no tienen su causa en una norma, y, en cuanto a los deberes jurídicos, son tales precisamente porque deben respetar los derechos, y no porque haya una norma que los establezca.

Aunque el normativismo no es lo mismo que el positivismo jurídico, es muy fácil que una concepción normativista del derecho conduzca hacia el positivismo jurídico o provenga de él. Tal sería el caso si se considerara que la norma de la que derivan todos los derechos y deberes fuera la sola norma humana. En cualquier caso, hay que tener mucho cuidado de no deslizarse hacia una visión distorsionada del derecho que sea más o menos normativista, peligro que no es nada remoto puesto que tal enfoque es el que ha dominado la cultura de los dos últimos siglos.

1.2. *Las diferentes definiciones de 'derecho canónico'*

Es habitual pensar en el derecho canónico como el conjunto de leyes que regulan la vida de la Iglesia. La misma palabra "canónico", utilizada para distinguir el derecho de la Iglesia del derecho de las naciones, se refiere a un "canon", es decir, a una norma.

1. *El derecho canónico entendido como el conjunto de las leyes eclesiásticas*.- Si se hojea un manual de derecho canónico de la primera mitad del siglo pasado, se encuentra de algún modo la definición del derecho canónico como el «complexus legum» emanado de la autoridad competente de la Iglesia. La ciencia del derecho canónico, en consecuencia, tendría por objeto el conocimiento de la normativa eclesiástica, mediante la exégesis de las normas individuales.

> Esta es la noción predominante, sobre todo en la manualística posterior al Código de 1917. Esta concepción se basa en la consideración de la Iglesia como una "sociedad perfecta" y como sociedad jerárquica por voluntad divina. Si se observa bien, presupone una concepción de la Iglesia centrada en el elemento jerárquico, ya que ve el derecho como el producto del ejercicio del poder normativo y manifiesta una concepción normativista del derecho, pues identifica el derecho con la norma.
>
> Cabe señalar que este enfoque corre el riesgo de caer paradójicamente en una concepción del derecho propia del positivismo jurídico. Aun reconociendo, por supuesto, la existencia del derecho divino, este esquema de pensamiento, queriendo subrayar el origen divino de la constitución jerárquica de la Iglesia, termina quizá por afirmar la naturaleza jurídica de toda norma emanada de la autoridad eclesiástica independientemente de su conformidad con el derecho divino, lo que solo podría justificarse partiendo del positivismo jurídico.

2. *El derecho canónico como sistema normativo*.- Para superar una visión de la ciencia canónica reducida a la mera exégesis de la ley, la llamada escuela dogmática italiana, es decir, la canonística de los profesores de las Facultades civiles de Derecho de las universidades italianas después de la Segunda Guerra Mundial, señaló que la legislación eclesiástica no es un mero *complexus* o aglomeración de normas, sino un sistema racional, en el que existen principios y exigencias lógicas. Esta escuela representa un paso adelante al señalar la racionalidad de un sistema, pero sigue anclada en una visión normativista del derecho.

De esta escuela procede Lombardía, a quien siguió en un primer momento Hervada, quien, queriendo superar el normativismo y buscando conectar con la idea de justicia, definió el derecho canónico como el orden social justo de la Iglesia, teniendo presente que afirmar que el derecho es un orden significa seguir concibiéndolo como ley, pues la ley es precisamente el orden impuesto por el legislador que debe seguir la comunidad.

3. *El derecho como realidad teológica*.- En un esfuerzo por subrayar el fundamento teológico de la presencia del derecho en la Iglesia, la Escuela de Munich de Baviera –conocida también como Escuela de Mörsdorf (su fundador)– consideró que el derecho canónico debía ser un saber teológico, aunque con un método jurídico. Un discípulo de Mörsdorf, Eugenio Corecco, radicalizó esta idea hasta el punto de considerar que el concepto central del derecho canónico no era la justicia, sino *la communio*, considerando el derecho canónico como análogo al derecho secular.

En esta línea de pensamiento afirmaba que la ley eclesiástica era una *ordinatio fidei*, y no una *ordinatio rationis* como afirma la definición tomista de la ley, aplicable, según este punto de vista, solo a la ley civil. Esta definición resulta atractiva, pero no queda claro, según señaló Hervada, cómo puede haber una ordenación de la virtud de la fe, ya que la ordenación es una operación de la razón y no de un hábito virtuoso (si acaso, sería de la razón iluminada por la fe).

Por muy sugerentes y oportunas que sean estas ideas para establecer un mejor diálogo con la teología, el problema de este planteamiento es que, en última instancia, niega la realidad del derecho en la Iglesia, reduciéndolo a algo "análogo" al derecho, ya que, si es análogo, no es, de hecho, derecho, puesto que *nihil simile est idem*, sin que, además, pueda entenderse qué es exactamente tal realidad análoga.

4. *La concepción realista del derecho canónico*.- De este rápido repaso se desprende la insuficiencia de estos planteamientos y la necesidad de recuperar el sentido realista del derecho, fruto de un examen de la realidad de las relaciones humanas, en el que se observa que hay cosas, esferas, vinculadas a las personas, hasta el punto de que existe el deber moral de respetarlas, como consecuencia del respeto debido a la persona misma. La concepción realista del derecho, de origen greco-romano, es aquella que ve en el derecho el objeto de la virtud de la justicia: aquello que debe darse al otro porque es suyo, es decir, porque es su derecho, el *suum ius*. En consecuencia, el derecho canónico será aquello que pertenece a los miembros de la Iglesia y a la Iglesia misma y que, por tanto, debe ser respetado. En definitiva, el derecho canónico es lo que es justo en la Iglesia (Hervada).

Es necesario ahora reflexionar sobre esta realidad para poder plantear más adelante la cuestión de si el derecho, así entendido, existe en la Iglesia, cuestión que será objeto de la próxima Lección.

2. El derecho como *IPSA RES IUSTA*

Si observamos a la persona humana, vemos que es una individualidad que no puede confundirse con otra: cada persona humana es única e irrepetible, y no puede formar una nueva persona con otra. A pesar de esta unidad ontológica, la persona humana (creada a semejanza de Dios, en la que las tres Personas son relaciones subsistentes) es un ser relacional, que se relaciona con los demás también espiritualmente.

Una dimensión esencial de la persona humana es su libertad y, en consecuencia, su responsabilidad, ya que el hombre puede decir con verdad que sus actos son suyos, porque los ha realizado libremente. La persona humana es, por tanto, un ser que domina sus actos y es capaz de dominar su entorno, apoderarse de él. Al mismo tiempo, puesto que la persona es única y libre, no puede ser objeto de dominio por otra persona. Los intentos de dominar a una persona (por ejemplo, la esclavitud) son una profunda injusticia porque suponen tratar a la persona como si fuese una cosa. Y, en cualquier caso, incluso en estas situaciones, subsiste en la persona dominada una esfera íntima de libertad que no puede ser violada.

El dominio de las cosas no pertenece solo a la humanidad en general, sino que es de carácter personal. Las cosas son susceptibles de dominio personal porque están distribuidas, son atribuibles a personas concretas. En última instancia, la persona humana puede afirmar que algo es "suyo".

Así como existe una relacionalidad entre las personas, también existe una comunicabilidad de las cosas, de modo que una cosa perteneciente a una persona puede encontrarse bajo el dominio efectivo de otra: surge así una relación interpersonal por una cosa que uno debe dar a otro porque le pertenece, porque es suya. Este *suum* se llamaba *ius* en Roma.

Teniendo en cuenta que la cosa "pertenece" a una persona, otra persona, que está en posesión de facto de la cosa, debe entregarla al legítimo *dominus*. El deber se desencadena por el hecho de que la cosa es de otra persona. La actividad de dar a cada uno lo que es suyo, el *suum ius*, es una actividad buena porque es una manifestación de respeto al otro. De la palabra *ius* se deriva el término *iustitia*, que es la virtud, el hábito volitivo bueno de dar a cada uno lo suyo, según la definición clásica, atribuida al jurista romano Ulpiano: «Iustitia est constans et perpetua voluntas ius suum cuique tribuendi» (*Digestum* 1.1.10).

Esta definición ha sido recogida por la tradición cristiana, y con ella la concepción del derecho como objeto de la virtud de la justicia, como aquello que es justo. Santo Tomás de Aquino desarrolló esta idea con especial profundidad, definiendo el derecho como la *ipsa res iusta* (cf. S. Th., II-II, q. 57): aquello que por el hecho de pertenecer a una persona el otro debe dárselo. Ahora es necesario analizar el derecho desde el ángulo de la virtud de la justicia.

3. ANÁLISIS DE LA VIRTUD DE LA JUSTICIA

3.1. *El suum*

El derecho es, por tanto, el objeto de la justicia, aquello que, perteneciendo a un sujeto, puede estar en posesión de otro y, por tanto, es aquello que este otro debe dar al legítimo dueño o titular del derecho. Los términos *res iusta*, *suum*, *ius*, encierran todo aquello que el hombre puede decir «mío, tuyo, suyo» y puede estar en poder de otros.

A finales del siglo pasado, Javier Hervada, canonista y filósofo del derecho, redescubrió la riqueza del pensamiento de Santo Tomás sobre este punto y lo desarrolló en sede iusfilosófica y, como se verá en la próxima Lección, le sirvió para fundar el derecho en la Iglesia. Este título y gran parte del resto de la Lección exponen su doctrina.

El derecho es la *ipsa res iusta*. Aquí el término *res* tiene un significado muy amplio: cualquier entidad que sea susceptible de ser dominada por una persona humana y que pueda estar en posesión de otra. Es, por tanto, un bien de una persona que otra debe dar. La cosa justa puede ser material (por ejemplo, una casa, un animal, dinero) o inmaterial (fama, un cargo, una facultad para actuar, etc.). La *res iusta* también puede ser la actividad de otros: en virtud de un contrato de trabajo, por ejemplo, la actividad laboral de un empleado pertenece al empleador; es derecho de un alumno debidamente matriculado en una escuela la actividad docente de los profesores, y muchos otros ejemplos que podrían añadirse.

Para que una "cosa" sea un derecho debe ser atribuible a una persona (o grupo de personas) y, al mismo tiempo, ser susceptible de estar de hecho bajo el poder de otra. Hay cosas de las que una persona puede afirmar que son suyas y, sin embargo, no pueden constituir derechos porque es imposible que pasen al poder de otro y, por tanto, sean debidas en justicia. Por ejemplo, los pensamientos y afectos de una persona son suyos, pero no son sus derechos porque no pueden estar en poder de otro ni, por tanto, ser debidos; otra cosa sería la manifestación externa de tales pensamientos y afectos (entonces podría hablarse del derecho a la libertad de expresión, del derecho a la propiedad intelectual, etc.).

El derecho es la cosa misma (la casa, la activida laboral, la fama), *ipsa res*, no en sí misma, sino en cuanto *iusta*, es decir, en cuanto debida en justicia por pertenecer a otro. La juridicidad es una propiedad de la cosa, de la realidad, una dimensión real, aunque no agote la realidad.

Los conceptos jurídicos solo captan un aspecto de las cosas, su juridicidad; se trata, en efecto, de un aspecto muy parcial, pero real. Desde el punto de vista jurídico, por ejemplo, tanto un teléfono como un pañuelo no son más que bienes muebles propiedad de una persona y adquiridos mediante un contrato de compraventa; es obvio que tal definición no agota la realidad, y que un teléfono es muy distinto de un pañuelo. Sin embargo, la dimensión jurídica, el hecho de pertenecer a una persona y ser debido en justicia, es real.

El derecho es el *suum* de cada persona. Lo "suyo" se refiere a cualquier modalidad en que pueda decirse que una cosa pertenece a la esfera de poder de una persona. Una misma cosa material puede ser el derecho de distintos titulares. Por ejemplo, una persona puede ser propietaria de una casa (el *suum* es la propiedad) y, en virtud de ese derecho, alquilarla: el uso de la misma casa pertenece al arrendatario, es un *suum*.

Aquello que hay que dar es el bien que es del otro. El derecho es la misma cosa. Puesto que la cosa es suya, el titular tiene un poder sobre ella; este poder del sujeto se llama *derecho subjetivo*: el poder de usar el bien, de enajenarlo, de exigirlo. El derecho subjetivo incluye ciertas expresiones como el "derecho a una cosa", el "derecho a realizar" una determinada actividad, el "derecho de exigir" una determinada conducta. Tales facultades de los sujetos, tales "derechos subjetivos" existen, pero existen precisamente porque las cosas (los "derechos") les pertenecen. En cambio, lo que uno debe dar al otro no es solo reconocerle sus facultades, sino que debe darle su bien, es decir, la cosa misma que le pertenece. En definitiva, no hay que confundir el derecho con su consecuencia, que es el derecho subjetivo.

3.2. *Significado de "dar" a cada uno lo suyo*

El deber de justicia es observar una conducta acorde con el derecho. Por lo tanto, cuando se dice "dar" a cada uno su derecho, el verbo *dare* debe entenderse en un sentido muy amplio que incluye conferir, respetar, restituir, transferir, administrar... En definitiva, se trata de no lesionar el derecho de otro.

El acto justo (no en el sentido de acto no incorrecto, sino en el sentido de acto de la virtud de la justicia) es un acto debido, correspondiente a un deber ser: hay que dar la cosa porque es suya. Esta necesidad es un deber moral, que perfecciona al deudor en la medida en que satisface un derecho de otro. El acto debido en justicia es un acto humano libre (no en el sentido de que proceda de la liberalidad del sujeto, sino porque, siendo un acto humano, es expresión de la libertad humana). El deber jurídico puede ser efectivamente garantizado por una coacción externa; la coercibilidad es posible, y a menudo deseable para que haya efectivamente, en la medida de lo posible, justicia entre los hombres, pero la coercibilidad no es en sí misma una nota esencial de la juridicidad.

Todo deber jurídico, por tanto, es, por naturaleza, un deber moral, lo que no significa, evidentemente, que todo deber moral relativo a los demás sea jurídico; solo lo son aquellos que responden a un derecho de otros.

En términos escolásticos, se afirma que el acto justo (el acto específico de la virtud de la justicia) es un acto segundo, en cuanto presupone la existencia del derecho. El acto constitutivo de un derecho no es un acto justo, en el sentido de un acto debido en virtud de la virtud de la justicia, ya que el deber de justicia es dar a cada uno su derecho, y, si un acto constituye el derecho, significa que antes no existía y, por tanto, no es necesario darlo; el deber de justicia surge como consecuencia de la constitución del derecho.

> Por ejemplo, el acto de tomar posesión de una cosa por ocupación es un acto que constituye un nuevo derecho. El acto puede ser "justo" en el sentido de correcto, de no ser injusto, pero no es un acto debido en justicia. Una vez que la persona ha tomado posesión de la cosa, ha constituido el nuevo derecho, surge el deber de justicia de respetarlo. Del mismo modo, si una persona dona algo a otra, realiza un acto de liberalidad, y no un acto debido en justicia (de lo contrario no sería una "donación"); sin embargo, desde el momento en que realiza la donación, surge un deber de justicia para el donante y para todos de respetar el nuevo derecho constituido.

Los deberes jurídicos o deberes de justicia, siempre correspondientes a un derecho, pueden surgir de un intercambio entre iguales (en cuyo caso hablamos de justicia conmutativa), o pueden ser los deberes que el individuo tiene para con los derechos de la comunidad (son los deberes de justicia legal, llamados así porque la autoridad define por ley cuáles son estos derechos y deberes) o pueden ser los deberes que la comunidad tiene que dar (a través de sus representantes) a sus miembros (justicia distributiva).

Para que haya justicia, ya sea conmutativa, distributiva o legal, uno debe dar al otro exactamente lo que es suyo: darle menos es injusto; darle más puede ser una buena acción que, en lo que tiene de más, responde a un deseo de generosidad, pero no de justicia. Se suele vincular la justicia con la igualdad porque lo justo es lo igual, en el sentido de que lo que se da debe ser igual a lo que se debe; por eso se entiende que la justicia se represente tradicionalmente con una balanza.

La igualdad, sin embargo, puede ser de identidad (cuando hay que dar exactamente lo mismo, por ejemplo, la misma obra de arte que se tenía en depósito), de equivalencia (de igual valor, como cuando se da la misma cantidad de dinero, aunque con billetes distintos) o de proporcionalidad (según la finalidad del reparto y según la relación que los sujetos tengan hacia esa finalidad). La justicia consiste en dar igualmente a cada uno lo suyo, que no es lo mismo que dar a todos lo mismo: esto sería igualitarismo contrario a la justicia.

4. Fundamento y título del derecho

¿Cuál es la razón profunda de que una "cosa" pertenezca a una persona? En realidad, ya se ha dicho: ser persona. La persona es un ente individual único e irrepetible, que no puede fundirse en otro ni entrar en posesión de otro (la persona es *sui iuris* por naturaleza, es decir, tiene derecho a sí misma y nunca a otro). La persona es libre, es decir, dueña de sus actos y capaz apoderarse de su entorno. Por la fe se sabe que la persona humana es la única criatura del mundo visible que Dios ha querido por sí misma (*Gaudium et spes*, 24), creada a imagen y semejanza de Dios y con el mandato de gobernar la tierra (Gn 1, 28). Por este motivo la persona es respetable, ella y sus obras y la esfera que le pertenece. El fundamento último del derecho es, por tanto, la persona humana.

Además de este fundamento último, común a todo derecho, puede existir un fundamento próximo, entendido como la circunstancia peculiar que hace a un sujeto titular de un determinado derecho. Por ejemplo, la condición de ser ciudadano de un País permite tener derecho de sufragio activo y pasivo; ser sacerdote permite recibir un determinado encargo pastoral en la diócesis, la condición de hijo permite recibir una determinada herencia, la circunstancia de ser mayor de edad es un requisito para estipular un contrato, etc.

Sin embargo, no basta el fundamento para que exista un derecho determinado. Debe haber algo que atribuya la cosa concreta a un sujeto concreto. No basta con ser ciudadano y mayor de edad para adquirir un coche: hay que comprarlo. Lo que atribuye la cosa a un sujeto se llama *título* del derecho; en el caso del coche será el contrato de compraventa, si es una herencia puede ser el testamento, si es un cargo, el decreto de nombramiento, etc. En los ejemplos mencionados, el título es un acto humano, que puede formularse en un documento escrito.

5. DERECHO Y LEY

Es evidente que uno de los títulos de los derechos puede ser la ley. La norma dictada por la autoridad competente, destinada a indicar el orden que debe seguir la comunidad para realizar su bien, establece un orden vinculante y, por tanto, constituye derechos y deberes jurídicos correlativos. Por ejemplo, cuando el legislador legítimo organiza la distribución de un bien, como puede ser en el caso de la Iglesia la administración de un sacramento, constituye y delimita derechos (a quién se encomienda la administración del sacramento, quién es competente para juzgar si se dan las condiciones para administrarlo, dónde debe celebrarse, etc.). Lo mismo puede decirse cuando la ley ordena conductas, mandando unas y prohibiendo otras, o cuando establece condiciones de actuación, o cuando organiza una serie de funciones públicas: otorga facultades para actuar, distribuye competencias, constituye, en definitiva, los derechos de los individuos o de toda la comunidad frente a quienes desempeñan una función pública.

La ley, en efecto, es emanada para ordenar la vida social hacia el bien común. El arte (saber hacer) de legislar forma parte del arte político, es decir, del gobierno de la *polis,* que también es aplicable al arte de gobernar al Pueblo de Dios. La finalidad de la ley no es directamente jurídica, sino "política"; la ley no pretende definir derechos, sino que quiere gobernar la vida social, ordenarla, pero tiene una enorme eficacia jurídica, en cuanto que establece nuevos derechos o determina otros, y esto lo hace para todos los miembros de la comunidad.

Esta eficacia en el ámbito de los derechos ha hecho que, en ocasiones, el centro de atención se haya desplazado del derecho (de lo que es justo, de lo que pertenece a cada uno y le corresponde) a la ley. Se observa que hay deberes porque los establece la ley y, por tanto, se tiende a pensar que todo procede de la ley. Para evitar el legalismo, no hay que olvidar que existen derechos anteriores a la ley humana positiva, que la ley debe respetar so pena de nulidad de sus disposiciones (no serían *lex, sed corruptio legis*, porque no establecerían un orden, sino un desorden). Además, existen también otras muchas exigencias de justicia que emanan de la libre acción humana y no de la ley.

El positivismo legislativo, es decir, esa corriente de pensamiento que sostiene que no hay más requisitos jurídicos que los establecidos positivamente por la ley humana y que, por tanto, niega los derechos naturales y la ley divina o, al menos, su cognoscibilidad, ha tenido una gran influencia en la cultura contemporánea, a pesar de su inconsistencia filosófica. Una consecuencia, a veces inconsciente, de la aceptación del enfoque positivista es el legalismo, es decir, ese patrón de pensamiento que consiste en considerar la ley humana como la única fuente de derechos, como el único factor de juridicidad de las relaciones humanas.

En derecho canónico, como es lógico, se rechaza el positivismo jurídico por ser incompatible con la idea de un Dios creador y providente, autor de la ley eterna del universo y de la ley natural inherente al ser humano. Sin embargo, sobre todo después de la codificación de la legislación eclesiástica de 1917, se tiende a asumir una concepción legalista e incluso inconscientemente positivista del derecho, ya que la única fuente de derecho que se tiene en cuenta en la Iglesia es la ley, y se piensa que, puesto que la ley eclesiástica procede de quien goza de una potestad sagrada, no puede dejar de producir el efecto jurídico de obligar, cualquiera que sea su contenido. De este modo, al tiempo que se rechaza el positivismo jurídico del ámbito civil, se cae en una especie de "positivismo sagrado", que ciertamente no es sagrado, pero sí positivista.

La canonística estuvo muy influida por la concepción de Francisco Suárez sobre la ley. Este teólogo jesuita del siglo XVI estaba interesado en el estudio del deber moral de obediencia a la ley, más que en la relación interpersonal de la justicia. Además, según Suárez, la ley sería el resultado del acto de voluntad del legislador, que obligaría porque procedía del superior al que se debe obedecer. Esto lleva a la conclusión de que la ley sería lo establecido por el legislador (ius quia iussum, derecho porque mandado, en lugar de ius quia iustum). Este planteamiento, denominado voluntarismo legislativo, llevado a sus últimas consecuencias, da lugar al positivismo jurídico, ya que el deber jurídico provendría del acto positivo del legislador. A su vez, el positivismo parte en cierto modo de una concepción voluntarista del derecho, ya que lo que interesaría al jurista sería determinar cuál es el efecto legal constituido.

Por el contrario, partiendo de una visión realista del derecho y de la ley, cabe señalar que si las leyes emanadas de la autoridad producen un deber jurídico, ello se debe a que establecen un orden que conduce a la sociedad hacia su bien, proveniente de quien tiene la función de ordenar la vida social (función que constituye un suum de autoridad), de modo que ese orden constituye un bien (un derecho) de la comunidad que sus miembros deben respetar. Además, como veremos más adelante (Lección VII), si la ley no condujera al bien común por ser inadecuada, contraria a bienes jurídicos preexistentes o a otros bienes, no establecería un orden, sino un desorden, y en consecuencia no obligaría jurídicamente, pues no constituiría nuevos derechos jurídicos ni nuevos deberes jurídicos, por mucho que se presentara con las manifestaciones formales de una ley emanada del legislador (no sería "ley", sino *corruptio legis*).

6. EL CONOCIMIENTO DEL DERECHO

Siendo el derecho lo que se debe a otro porque le pertenece, *ius quod iustum*, la ciencia del derecho no será otra cosa que la *iusti atque iniusti scientia*, como la llamó el jurista romano Ulpiano.

El conocimiento del derecho puede tener varios niveles. Existe el conocimiento práctico de saber identificar el *suum* de cada uno; es un conocimiento práctico, es decir, un arte. Este arte es el que debe poseer el jurista práctico, cuyo oficio es declarar el derecho de cada uno (la *iuris-dictio*). Las cosas que pertenecen a las personas tienen límites bien definidos y le pertenecen de manera precisa; la labor del jurista es indicar los límites de los derechos y, en consecuencia, los deberes jurídicos, no de manera abstracta o aproximada, sino, por el contrario, con exactitud: hasta dónde llega el derecho, quién es el titular, cuándo debe cumplirse el deber, de qué manera, etc. La delimitación del derecho determina a su vez el deber jurídico, ya que uno debe dar al otro exactamente su derecho. Los contornos de los derechos dependen de las circunstancias; el jurista debe determinar lo justo *hic et nunc*. Por lo tanto, el arte jurídico es un arte prudencial porque indica cuál es la conducta justa que debe observarse en todo momento. Por ello, no es casual que el conocimiento jurídico se denomine "iuris-prudentia".

El arte jurídico no consiste en dar a cada uno lo suyo: eso es tarea de todos los hombres, que deben ser justos. El arte jurídico consiste en saber identificar los derechos y sus límites. Otra cosa es que en la práctica sea difícil que un hombre injusto sea capaz de indicar la solución correcta en una situación determinada.

La ciencia del derecho es un conocimiento etiológico y sistemático de aquello que es justo. Las preguntas de la ciencia jurídica son: ¿es justo o injusto?, ¿por qué? Y, como en todas las demás ciencias, trata de sistematizar sus conocimientos, clasificando los fenómenos estudiados, identificando los principios que rigen determinadas áreas. Surgen así diversas ramas científicas del derecho: derecho penal, derecho procesal, derecho administrativo, etc.

Existe ciertamente el riesgo de caer en un "conceptualismo" del derecho, un "dogmatismo" apegado a las categorías nocionales fabricadas por la ciencia jurídica que olvide las exigencias de justicia de los casos concretos. El estudioso de la ciencia jurídica debe, por tanto, estar atento a los problemas jurídicos que se plantean en la realidad para razonar sobre la justicia a partir de ellos. Por eso se suele afirmar que la ciencia jurídica es una ciencia práctica. Y por esta razón, el jurista estudia la jurisprudencia, es decir, las sentencias dictadas por los tribunales.
Una limitación importante para la ciencia del derecho canónico es actualmente, por desgracia, la falta de jurisprudencia (y de praxis administrativa) publicada, por lo que el canonista razona a menudo en términos abstractos que pueden alejarlo de las exigencias reales de la justicia.

El objeto del conocimiento jurídico es el derecho mismo, pero, como ya se ha señalado, el derecho debe tener un título que atribuya la *res iusta* a un sujeto determinado. Por ejemplo, la dignidad de la persona humana atribuye al hombre sus derechos naturales humanos; un testamento asigna un determinado bien a un heredero; un contrato de trabajo confiere un salario a un trabajador; una ley atribuye una competencia a una determinada autoridad o un derecho a recibir una prestación parroquial a los fieles de la parroquia, y muchos otros ejemplos que podrían considerarse. De ello se deduce que para delimitar un derecho será necesario identificar y examinar el título; para saber, por ejemplo, si un determinado trabajador tiene derecho a percibir un salario, cuándo, cuánto y cómo, será necesario examinar el correspondiente contrato de trabajo.

Dado que el título importante de muchos derechos, que condiciona en gran medida la eficacia de los actos, es la ley, el jurista deberá conocerla para cumplir su tarea. Sin embargo, hay que subrayar una vez más que el objeto de su conocimiento no es la ley, sino el derecho. El conocimiento de la ley por parte del jurista es meramente instrumental: solo en la medida en que sirve para determinar los derechos. En última instancia, el jurista no es, contrariamente a lo que se cree, un experto en leyes, sino un experto en justicia. Un buen jurista no es aquel que está bien versado en legislación, sino aquel que es capaz de captar la problemática jurídica de las relaciones intrapersonales, de identificar cuáles pueden ser los títulos de los derechos, y capaz de comprender el alcance de esos títulos, para poder determinar el derecho de cada uno. En cuanto al conocimiento del título legal, el jurista será aquel que sea capaz no solo de entender el texto legislativo, sino de captar su significado (el orden establecido por el legislador) que determina los derechos, es decir, que sea capaz de lograr la correcta interpretación jurídica de la ley.

La ley es un título de derecho muy importante, pero no el único. En la determinación de lo que es justo intervienen otros factores: sobre todo la naturaleza del hombre, su actuar, las circunstancias del caso. Además, Aristóteles ya había comprendido que, siendo la ley (humana) una norma abstracta (es decir, que abstrae las circunstancias de los casos individuales para formular la regla para la generalidad de los casos), puede ocurrir que en un caso concreto sea más conveniente encontrar una solución que difiera de la prevista (justamente) para la generalidad de los casos: esto es la *epieikeia*, que Santo Tomás tradujo con la palabra latina *aequitas,* y la definió como la virtud misma de la justicia que responde no al título legal, sino a los principios más elevados.

Estas últimas consideraciones ponen de relieve cómo la tarea del jurista no consiste en la mera "aplicación lógica" de la norma general al caso concreto, como querría el normativismo positivista, sino en el razonamiento necesario para llegar a la solución justa. No en vano, el estudio de la ciencia jurídica en las primeras universidades europeas estaba vinculado a la retórica, porque el arte de persuadir es necesario para poner de relieve la existencia del derecho. Es significativo que en el lenguaje común digamos que una persona "tiene razón" para expresar que "tiene derecho".

ORIENTACIÓN BIBLIOGRÁFICA

J. HERVADA, *¿Qué es el derecho? La moderna respuesta del realismo jurídico,* Eunsa[3], Pamplona 2015. Del mismo autor es útil consultar: *Introducción crítica al derecho natural,* Eunsa, Pamplona 1981[11], pp. 15-78. R. PIZZORNI, *La filosofia del diritto secondo S. Tommaso d'Aquino,* Edizioni Studio domenicano, Bolonia 2003, pp. 48-52.

Quienes deseen profundizar en el problema del conocimiento científico del Derecho, en las formas de conceptualizar y sistematizar propias de la ciencia jurídica, pueden consultar P. LOMBARDÍA – J. HERVADA, *Introducción al Derecho Canónico,* en INSTITUTO MARTÍN DE AZPILCUETA. FACULTAD DE DERECHO CANÓNICO. UNIVERSIDAD DE NAVARRA, *Comentario exegético al Código de Derecho Canónico,* coordinada y dirigida por Á. MARZOA – J. MIRAS – R. RODRÍGUEZ-OCAÑA, Eunsa, Pamplona 2002[3], pp. 55-91 (edición inglesa: *Exegetical commentary on the Code of canon law,* Montreal-Chicago, Wilson & Lafleur, 2004 [en adelante Comentario exegético], pp. 23-59).

LECCIÓN II

EL DERECHO EN EL MISTERIO DE LA IGLESIA

RESUMEN: 1. *Los antijuridicismos en la Iglesia y los intentos de fundamentar el derecho canónico*; 1.1. Las posiciones contrarias al derecho de la Iglesia; 1.2. Las reacciones católicas. 2. *El misterio de la Iglesia y la justificación del derecho canónico*. 3. *Las raíces sacramentales del derecho en la Iglesia*. 4. *Derecho canónico y pastoral*; 4.1. Actividad pastoral y derecho; 4.2. Derecho y misericordia; 4.3. Equidad. 5. El conocimiento del derecho en la Iglesia.

1. LOS ANTIJURIDICISMOS EN LA IGLESIA Y LOS INTENTOS DE FUNDAMENTAR EL DERECHO CANÓNICO

Una vez aclarada la idea de derecho, corresponde plantearse una pregunta fundamental: ¿existe el derecho en la Iglesia? O, mejor aún, dado que la experiencia enseña que la existencia del derecho en la vida de la Iglesia es innegable, ¿es esencial la presencia del derecho en la Iglesia? ¿La Iglesia fundada por Cristo es esencialmente jurídica, o la juridicidad es un añadido humano o una superestructura histórica de la que se podría prescindir?

Para responder a estas cuestiones fundamentales, es necesario partir de una comprensión correcta tanto del derecho como del misterio de la Iglesia. El más mínimo error en cualquiera de estos conceptos conduciría inevitablemente a una respuesta errónea.

1.1. *Las posiciones contrarias al derecho de la Iglesia*

Desde los primeros siglos del cristianismo han existido algunas posturas contrarias al derecho canónico, pero estas se basaban en una corriente de pensamiento espiritualista y, en consecuencia, en una concepción errónea de la Iglesia.

> Así, por ejemplo, los montanistas, al afirmar que la Iglesia se reúne en torno al Espíritu y no en torno a los obispos, crearon una escisión entre lo que sería la Iglesia del Espíritu y la Iglesia institucional; los fieles «espirituales», según los montanistas, no necesitarían la mediación de los ministros. Con ello, los montanistas negaban las relaciones interpersonales dentro de la Iglesia y, por tanto, la existencia del derecho canónico.
>
> Al hacer depender la gracia de los méritos de los ministros, los donatistas llegaron también a negar la existencia de los derechos de los fieles a recibir los medios de salvación.
>
> El trasfondo espiritualista se encuentra también en algunos movimientos medievales que, de un modo u otro, presentaban tesis antijuridicistas (valdenses, albigenses y otros).

El mayor ataque a la existencia de una Iglesia esencialmente jurídica provino del ámbito protestante. Es significativa la acción de Lutero en Wittemberg, el 10 de diciembre de 1520, de quemar el *Corpus Iuris Canonici* (que contiene colecciones de textos jurídicos vigentes, algunos del primer milenio), como signo de ruptura con la Iglesia católica. La concepción eclesiológica de matriz protestante condujo primero a la negación del origen divino de la jerarquía y luego a la concepción de la Iglesia como mera comunidad de fieles, pero no como instrumento de salvación. En el siglo XIX se llegó a afirmar (Rudolf Sohm) que habría una Iglesia carismática, fundada por Cristo, y otra institucional; en la primera no habría necesidad de derecho, mientras que en la segunda, resultado de la acción humana, sí la habría. En la misma línea se sitúa la posición de Karl Barth, en el siglo pasado, según la cual la Iglesia sería un acontecimiento y no una institución mediadora. En última instancia, en el ámbito protestante se tiende a pensar que el derecho no es esencial a la Iglesia fundada por Cristo, aunque sea necesario para la comunidad cristiana histórica; el derecho canónico se encontraría en las zonas "periféricas" de la Iglesia, en aquellas relaciones interpersonales de la comunidad histórica (como, por ejemplo, en determinadas estructuras organizativas, en cuestiones patrimoniales), pero no en la esencia espiritual de la Iglesia, entre otras cosas porque la salvación de los fieles no dependería en modo alguno de la acción de la Iglesia.

Más recientemente, en los años posteriores al Concilio Vaticano II, ha surgido en el seno de la Iglesia católica un cierto antijuridicismo que no se apoya en un marco teórico sistemático, sino que se manifiesta más bien en ciertas actitudes prácticas de desprecio o abierto rechazo de todo lo disciplinar, en la medida en que la norma sería incompatible con la libertad y la espontaneidad que deben reinar en el Pueblo de Dios y con las exigencias de carácter pastoral. No pocas veces, incluso la caridad se opone al derecho, las soluciones dictadas por la misericordia a las soluciones jurídicas, tachadas estas últimas de rígidas.

1.2. *Las reacciónes católicas*

En el ámbito católico, la existencia del derecho en la Iglesia ha sido afirmada especialmente desde la Contrarreforma en oposición a las afirmaciones protestantes. En este contexto histórico, se subraya la fundación de la Iglesia por Cristo como sociedad, para afirmar a rengón seguido el principio *ubi societas, ibi ius*. También se señala cómo el derecho ha existido desde el inicio de la vida de la Iglesia y cómo su presencia es necesaria en tantas consecuencias sociales de la vida de la Iglesia (como en el ámbito de los bienes materiales, del gobierno de la comunidad y en otros de este tipo).

A raíz de este argumento, se ha señalado que la Iglesia constituye una "sociedad perfecta", es decir, que dispone de los medios necesarios para alcanzar sus fines sin necesidad de recurrir a otra sociedad; sobre esta base, en el último siglo se ha insistido mucho en la soberanía del orden canónico, que no está subordinado a ningún ordenamiento civil.

Por último, como toda sociedad, la Iglesia posee una jerarquía, es más, se observa que el elemento jerárquico es también de origen divino, querido por el propio Jesucristo. Puesto que la jerarquía existe, puede vincular jurídicamente con sus mandatos generales y singulares.

Todas estas razones son válidas, pero no llegan al verdadero nudo del problema, no ofrecen una explicación de la existencia del derecho en las profundidades del misterio de la Iglesia, sino que se quedan en la periferia, en las consecuencias de la vida social eclesial. Además, se corre el riesgo de abrazar una idea del derecho como si fuera el resultado del poder: parecería que el fundamento del derecho canónico se encuentra en el hecho de que la Iglesia, sociedad necesitada de un gobierno, está regida por una jerarquía, por otra parte de origen divino, que podría obligar jurídicamente a sus súbditos mediante sus mandatos. Si se tiene en cuenta lo dicho en la lección anterior sobre la esencia del derecho, tal concepción del derecho canónico no es en absoluto aceptable. Entre otras cosas, tal idea, centrada solo en el aspecto doctrinal, presente de manera más o menos consciente en muchos ambientes eclesiales anteriores al Concilio Vaticano II, puede explicar el origen de la posterior reacción antijuridicista.

En el siglo XX hubo esfuerzos por encontrar un fundamento teológico para la existencia del derecho canónico, hasta el punto de crear una nueva disciplina denominada "teología del derecho canónico". Entre estos intentos destaca el de Klaus Mörsdorf, profesor de Munich, quien, queriendo ofrecer una respuesta a la objeción de Sohm de que el derecho canónico sería una superestructura histórica que no pertenecería a la esencia de la Iglesia carismática, intentó ver la juridicidad precisamente en los elementos estructurales de la Iglesia, a saber, la palabra y los sacramentos, en torno a los cuales se reúne el Pueblo de Dios. El profesor alemán señaló que tanto los sacramentos como la palabra tienen una dimensión intrínseca de obligatoriedad, fruto del mandato divino, lo que explicaría cómo la juridicidad se encuentra no solo en las consecuencias de la vida social, sino también en la estructura misma de la Iglesia fundada por Cristo. Esta explicación, aunque sin duda revela una dimensión de verdad, tiene el inconveniente de identificar la juridicidad con la normatividad.

Se remonta a la escuela de Munich aquella corriente de pensamiento que puso tanto énfasis en el carácter teológico del derecho canónico que llegó a afirmar que el derecho canónico sería una realidad análoga al derecho civil necesaria para la *communio*. Si partimos del concepto de derecho como *ipsa res iusta*, no podemos entender tal analogía: es lo debido porque pertenece a otro, pero no se ve cómo puede haber analogía en la relación de pertenencia y en el correlativo deber. Por el contrario, bien mirado, como se señaló en la Lección anterior, afirmar que el derecho canónico es una realidad teológica análoga al derecho civil equivale en realidad a negar la juridicidad del derecho canónico (*nihil simile est idem*), de modo que uno se encontraría paradójicamente con una teoría que, queriendo encontrar una explicación a la existencia del derecho canónico, llega en último término a negar la existencia del derecho (verdadero, unívoco) en la Iglesia.

> Los bienes jurídicos que están en juego en la Iglesia (que conciernen sobre todo a los bienes espirituales) pueden ciertamente ser materialmente diferentes de los que pueden encontrarse en la sociedad civil, pero en el hecho de la juridicidad (que el bien, cualquiera que sea, es un *suum* debido) no se ve cuál pueda ser la diferencia.

2. EL MISTERIO DE LA IGLESIA Y LA JUSTIFICACIÓN DEL DERECHO CANÓNICO

Como ya se ha señalado, para encontrar una auténtica justificación del derecho canónico es necesario partir de una concepción correcta tanto del derecho como de la Iglesia. El decreto *Optatam totius*, n. 16, del Concilio Vaticano II, invitaba a observar el misterio de la Iglesia en el estudio del derecho canónico. En efecto, ciertos elementos esenciales de la Iglesia arrojan luz sobre la existencia del derecho en su seno.

Sobre todo, conviene recordar la enseñanza de *Lumen Gentium*, n. 8, que señala que la Iglesia es una realidad compleja, compuesta por un elemento divino y otro humano. Esta explicación remite a una "no débil analogía" con el Verbo encarnado: así como en Cristo hay dos naturalezas, una divina y otra humana, en un único sujeto personal, así la Iglesia es una, pero con este doble elemento. La presencia del elemento humano es claramente visible en la asamblea de los fieles. En ella se dan relaciones interpersonales que presagian la presencia del derecho en el seno del único sujeto Iglesia, pero esta consideración solo conduce a constatar no la existencia del derecho, sino su posibilidad; a lo sumo puede demostrar la existencia de relaciones jurídicas de carácter organizativo, pero sin llegar a explicar si existen derechos puramente "eclesiales" y por qué.

Otro dato a tener en cuenta es que la Iglesia es la asamblea, convocada por Dios, que se estructura sobre la base de la palabra y de los sacramentos. En efecto, la Iglesia es *communio fidei* y *communio sacramentorum* porque es depositaria de la doctrina de la fe y de los medios de salvación, es decir, cree en el mismo Evangelio y goza de los mismos instrumentos salvíficos, a saber, los Sacramentos. La pregunta sobre la existencia de un derecho puramente eclesial será, por tanto, si la palabra y la gracia recibidas a través de los sacramentos tienen una dimensión jurídica (es decir, si la palabra y la gracia contenidas en los sacramentos pueden ser objeto de derecho). En este sentido, la idea de Mörsdorf de buscar la juridicidad en la palabra y los sacramentos se revela como una intuición válida.

La estructuración de la Iglesia en torno a la palabra y los sacramentos lleva a otra idea clave para comprender la existencia del derecho canónico: el papel mediador de la Iglesia. La "institucionalización" de la gracia en los sacramentos y de la palabra revelada por Dios a través de la misión docente de la Iglesia significa que la propia Iglesia es el lugar donde los hombres encuentran la salvación. En el Pueblo de Dios, por expreso designio divino, existe el sacerdocio ministerial que, identificándose con Cristo Cabeza, administra a los fieles los medios salvíficos. Por el hecho de haber sido constituidos ministros, administran los sacramentos independientemente de sus méritos. Esto implica que los fieles deben establecer relaciones interpersonales a causa de los medios de salvación, que la alteridad presente en el Pueblo de Dios es esencial para la Iglesia. Naturalmente, si se negara la naturaleza mediadora de la Iglesia, como hacen los protestantes o han hecho algunas corrientes espiritualistas, no se encontraría explicación al fenómeno jurídico dentro de la propia Iglesia; pero en ese caso el problema no sería tanto el de negar el derecho canónico, sino el problema eclesiológico de negar un aspecto esencial del misterio de la Iglesia y, en definitiva, del misterio del divino designio salvífico.

3. LAS RAÍCES SACRAMENTALES DEL DERECHO EN LA IGLESIA

Partiendo de estas premisas eclesiológicas y de la concepción clásica y realista del derecho, los fundamentos del derecho canónico se encuentran precisamente en la juridicidad de los elementos estructurantes de la Iglesia, a saber, los sacramentos y la palabra.

Como ya se ha dicho, en el siglo XX ha habido varios intentos de encontrar un fundamento profundo para la existencia del derecho en la Iglesia. Fue Javier Hervada quien propuso una explicación convincente precisamente porque le mueven las dos premisas mencionadas.

> Este canonista, que siempre se había preocupado por las cuestiones fundamentales del derecho canónico, abandonó durante unos años el estudio del derecho canónico para dedicarse a la filosofía del derecho. Esto le permitió redescubrir la tradicional visión realista del derecho que se remonta a Aristóteles y encuentra un exponente de gran claridad en Santo Tomás de Aquino. El descubrimiento de la naturaleza del derecho permitió a Hervada plantearse la verdadera pregunta a la que debe responder una teoría fundamental del derecho canónico, que no es la cuestión de si la norma eclesiástica debe existir o de dónde proviene su obligatoriedad, sino si existen o no *res iustae* en la esencia del misterio de la Iglesia o, dicho de otro modo, si las *res* que componen la estructura esencial de la Iglesia son jurídicas, es decir, debidas porque pertenecen a alguien.

Hervada considera la dificultad de reconocer la existencia del derecho canónico: se trata de encontrar la dimensión jurídica de la economía de la gracia, que, sin embargo, no es divisible, ni se dan en ella las dimensiones de cantidad, espacio y tiempo propias de las cosas externas que constituyen el derecho, que deben ser repartidas y susceptibles de estar en poder de otros. Por otra parte, parecería un sinsentido hablar de un "derecho a la gracia": si es gracia, no es debida, menos aún si procede de los méritos de otro (en nuestro caso, de los méritos de Cristo).

Llegados a este punto, es necesario recordar lo que ya hemos estudiado sobre el deber jurídico y la constitución del derecho. El deber jurídico sigue al derecho; si no hay derecho, no puede haber deber de dar a otro su derecho. Por lo tanto, el acto constitutivo del derecho no puede ser un acto jurídicamente debido, ya que no es un acto consistente en dar a otro el derecho que tenía, sino el acto constitutivo de un nuevo derecho.

Pues bien, el autor citado parte precisamente de la constatación de que un acto de "gracia" puede crear un derecho. Cristo ha querido "institucicnalizar" la gracia instituyendo los sacramentos, que tienen una eficacia *ex opere operato*, es decir, por el mero hecho de ser administrados, sin la intervención de los méritos del ministro que administra el sacramento. Esto significa que Cristo ya ha atribuido la gracia a los fieles, "institucionalizándola" en los sacramentos. Evidentemente, el acto de instituir los sacramentos es un acto de liberalidad divina hacia los hombres, pero es también un acto que ha constituido un derecho: los hombres tienen derecho a recibir la gracia contenida en los sacramentos, porque Cristo instituyó los sacramentos con el fin de administrar la gracia. De ello se sigue que los ministros de los sacramentos tienen el deber (de justicia) de administrar lo que está en su poder y pertenece a otros (los sacramentos). Por tanto, por paradójico que parezca, uno tiene derecho a la gracia, no, por supuesto, frente a Dios, sino en el sentido de que los sacramentos son un derecho frente a otros (los ministros de los sacramentos). En efecto, puede decirse que la gracia contenida en un sacramento es un *suum*, debido en justicia por el ministro del sacramento.

> Hervada pone el ejemplo de lo que ocurre cuando alguien decide enviar una carta a otro. Este no tiene derecho a recibirla, pero como el remitente envía la carta ha creado en el destinatario el derecho a recibirla, por lo que el cartero está obligado a entregarla.

La gracia, precisamente por ser gracia, no es debida. Nadie puede apropiarse de la gracia de otro. Se diría, por tanto, que la gracia es esencialmente cualquier cosa menos jurídica por naturaleza. Sin embargo, la gracia, al haber sido canalizada, institucionalizada, en los sacramentos, se ha convertido en jurídica. Los sacramentos, no solo los signos y símbolos externos, sino también la gracia que contienen, son *res iustae*.

Las mismas consideraciones podrían hacerse sobre la palabra revelada: Dios ha confiado el depósito de la fe para ser proclamado, ha destinado a los fieles el conocimiento de la Revelación, que deben recibir de los ministros del Magisterio eclesiástico.

En definitiva, los sacramentos y la palabra son *res iustae*. Son elementos esenciales y estructurantes de la Iglesia y son exclusivos de la Iglesia, ya que son bienes que no se encuentran en la sociedad civil. Sin embargo, como bienes debidos por pertenecer a otro, son tan justos como los bienes de la sociedad civil.

Dado que los bienes jurídicos de la Iglesia son derecho en sentido estricto, su conocimiento, en sus distintos niveles (práctico-prudencial, científico y fundamental), será un conocimiento puramente jurídico. La ciencia canónica es, por tanto, el conocimiento etiológico y sistemático del fenómeno jurídico existente en la Iglesia. Su objeto no son primariamente las normas canónicas ni las estructuras eclesiásticas, sino lo que es justo en la Iglesia. Puesto que el derecho canónico se refiere principalmente a los medios salvíficos, la ciencia canónica estudiará, sí, las cosas sagradas (los sacramentos, la palabra de Dios), pero no desde una perspectiva teológica, sino *sub ratione iustitiae*, en cuanto *res iustae*. Para saber a quién pertenecen las cosas y por qué, el jurista debe conocerlas. Por tanto, el canonista debe saber teología, debe saber qué son los sacramentos, qué es la Iglesia, su estructura esencial; se dice con razón que *canonista sine theologia nihil*, pero sin embargo su ciencia es jurídica: la tarea del canonista no es explicar las cosas sagradas desde una perspectiva teológica, sino indicar cuáles son los derechos de cada uno y por qué.

> El conocimiento jurídico de la actividad de la Iglesia lleva a delimitar el *suum* de cada uno. Una primera observación es comprender que los ministros son, en efecto, "ministros", administradores, más que dueños; son deudores antes que titulares de derechos (son titulares de los mismos derechos fundamentales que los fieles, puesto que los ministros son también fieles). Apropiarse de la administración de los bienes salvíficos no es solo clericalismo, es una injusticia.

4. DERECHO CANÓNICO Y PASTORAL

Las explicaciones anteriores justifican satisfactoriamente la pregunta por la esencialidad del derecho en la Iglesia, si se parte de la fe católica sobre la Iglesia. No obstante, quedan por estudiar las objeciones que se plantean contra el derecho canónico en ámbito católico, aunque de un modo quizá poco sistemático y teórico, pero muy eficaz en el plano práctico. Es común en muchos ambientes eclesiales, en efecto, considerar el derecho canónico como opuesto a la misericordia, como algo incompatible con la flexibilidad de que debe gozar la actividad pastoral, o al menos como una limitación a las exigencias pastorales, como si para ser más pastorales y más misericordiosos fuera necesario ser menos jurídicos. A continuación se presentan brevemente una serie de consideraciones que abordarán algunos de los puntos subyacentes a estas objeciones.

4.1. *Actividad pastoral y derecho*

El significado del término *pastoral* se ha ido ampliando progresivamente. La polisemia de la palabra dificulta su uso en un discurso riguroso y corre el riesgo de ser explotada como recurso dialéctico para, entre otras cosas, contraponer la pastoral (no definida adecuadamente) al derecho canónico. Cuando se enfatizan y delimitan confusamente las llamadas exigencias pastorales, se acaba alabando la *ortopraxis* en detrimento o incluso en oposición a la ortodoxia (Viladrich).

En el ámbito eclesial, la pastoral en sentido estricto, es decir, correspondiente a la tradición bíblica, es la que se refiere a la actividad propia y exclusiva de los ministros sagrados instituidos para desempeñar el oficio de Cristo Pastor. Es evidente que, en este sentido, la misma pastoral tiene una dimensión jurídica. Como se ha subrayado anteriormente, los fieles tienen derecho a la acción pastoral de los ministros instituidos precisamente para administrar los bienes salvíficos. Las exigencias pastorales son, por tanto, al mismo tiempo, en sí mismas, exigencias jurídicas.

Además, el ejercicio de la potestad eclesiástica consiste en llevar a cabo la función de gobernar la comunidad eclesial para conducirla hacia su bien. La finalidad de la actividad legislativa es establecer el orden que debe seguir la vida de la comunidad para alcanzar su fin, que es un fin pastoral, es decir, crear las condiciones óptimas para que los miembros de la comunidad alcancen su bien espiritual; no en vano el Código de Derecho Canónico de 1983 termina afirmando que la *salus animarum* es la ley suprema de la Iglesia. Lo mismo puede decirse de la actividad de gobierno administrativo (nombramientos, licencias, distribución de cargos, etc.), pues siempre tiene como fin último la salvación de las almas. Incluso la actividad judicial, al hacer justicia dentro de la Iglesia peregrina en esta tierra, contribuye a establecer las condiciones para alcanzar el bien espiritual.

San Juan Pablo II tuvo que enfrentarse a la mentalidad recurrente que tiende a oponer el derecho a la pastoral y la actividad de gobierno de la Iglesia a las exigencias pastorales. Esto es lo que dijo en 1990: «Las dimensiones jurídica y pastoral están inseparablemente unidas en la Iglesia que peregrina en esta tierra [...] No es verdad que para ser más pastoral, el derecho deba ser menos jurídico. Deben tenerse presentes, eso sí, y aplicarse, las múltiples manifestaciones de esa flexibilidad que, precisamente por razones pastorales, ha caracterizado siempre al derecho canónico. Pero también deben respetarse las exigencias de la justicia, que pueden ser superadas por esa flexibilidad, pero nunca negadas. La verdadera justicia en la Iglesia, animada por la caridad y atemperada por la equidad, merece siempre el atributo calificativo de pastoral. No puede haber un ejercicio de auténtica caridad pastoral que no tenga en cuenta ante todo la justicia pastoral» (San Juan Pablo II, *Discurso a la Rota Romana*, 18 de enero de 1990, n. 4).

Sin embargo, el término *pastoral se* utiliza también en un sentido mucho más amplio, es decir, para calificar el conjunto de la actividad eclesial o cristiana perteneciente a la naturaleza y misión sobrenatural del Pueblo de Dios, de modo que la actividad pastoral pertenecería a todos los bautizados. A veces la palabra *pastoral* se utiliza también para calificar la acción eclesial eficaz, y en otras ocasiones para referirse a la acción planificada. En cualquier caso, todas estas acciones están siempre orientadas al bien espiritual de los fieles, que nunca puede estar reñido con la justicia.

La oposición entre pastoral y derecho puede responder a una visión distorsionada del derecho, que confunde derecho con rigidez normativa sin referencia a la justicia. Por el contrario, a veces la reivindicación de necesidades pastorales frente a exigencias jurídicas es en realidad una reivindicación de naturaleza jurídica, de justicia, que reclama una superación de la aplicación rígida del texto normativo general para atender a las necesidades pastorales y de justicia del caso concreto.

La oposición entre pastoral y derecho puede derivar también de una concepción errónea de la pastoral, carente de la debida referencia sobrenatural escatológica. El principio de *salus animarum* (proclamado, por otra parte, en la conclusión del actual Código de Derecho Canónico) no se refiere a la "salud psicológica" de los fieles, sino a la "salvación" (eterna) de las almas. No tiene sentido hablar de la salvación de las almas si no se cree en la posibilidad de la no-salvación, de la condenación eterna de las almas, que es el mal que hay que evitar a toda costa. La espontaneidad y la flexibilidad que deben caracterizar la actividad pastoral y todas las demás exigencias pastorales no tienen nada de subjetivo o de buenismo arbitrario, sino que deben orientarse, precisamente, a la *salus animarum*, que nunca puede estar, como ya se ha señalado varias veces, en contraste con la justicia. Por el contrario, la bandera de la pastoralidad enarbolada contra el derecho canónico es a menudo signo de una concepción de la actividad de la Iglesia divorciada de su contenido espiritual escatológico y, en realidad, por eso mismo, antipastoral, hasta el punto de que puede ser presagio de un abuso de naturaleza clerical, como sucede cuando el clérigo se aprovecha de su posición para actuar según su ideología, en detrimento de las verdaderas necesidades pastorales, y, en consecuencia, actuando antijurídicamente, es decir, injustamente.

> Por ejemplo, la actitud del presbítero que modifica caprichosamente las ceremonias litúrgicas sobre la base de una pretendida libertad, espontaneidad y "necesidad pastoral" no solo plantea un problema disciplinario por incumplimiento de las normas litúrgicas, sino que, sobre todo, plantea un problema jurídico, es decir, de justicia, ya que el sacerdote, al hacerlo, se habría apropiado ilegítimamente de la ceremonia de la que solo es ministro (administrador), y no maestro, cayendo así en el clericalismo, y desconociendo el derecho de los fieles a seguir el acto litúrgico según las normas establecidas por la autoridad competente, y no según los gustos del celebrante de turno.

En definitiva, la dialéctica entre las necesidades pastorales y las exigencias jurídicas proviene de una visión distorsionada del derecho o de una concepción errónea de la actividad pastoral, o de ambas cosas.

4.2. *Derecho y misericordia*

En la misma línea de problematicidad puede presentarse la cuestión de la necesidad de practicar la misericordia en oposición a las exigencias jurídicas. Mientras que la solución jurídica puede exigir una solución muy gravosa para una persona concreta (la imposición de una pena, la prohibición de cumplir un deseo), la misericordia induce al perdón y a la concesión de bienes para la misma persona. De esta constatación surge espontáneamente la idea de preconizar una Iglesia atenta a la caridad y a la misericordia más que al rigor jurídico.

Sin embargo, bien mirado, puesto que tanto la justicia como la misericordia son virtudes, es decir, hábitos volitivos buenos, el bien querido por una virtud no puede estar en contraste con el bien de la otra, dada la misma razón de bondad. Por tanto, es necesario profundizar en la naturaleza de las dos virtudes sin dejarse llevar por una primera intuición superficial.

El término *misericordia* viene de *miseria* y de *cor*, corazón: consiste en poner la miseria de los demás en el propio corazón. La misericordia, lejos de ser un mero sentimiento benévolo, es una virtud, es decir, un hábito de la voluntad libre que tiende a querer eliminar la miseria (el mal) del otro. La misericordia informada por la caridad es un modo de amar al otro por amor de Dios que consiste en tratar de evitar el mal ajeno. El discernimiento entre el bien y el mal en una persona no debe realizarse según el deseo inmediato del interesado, sino a la luz de la inteligencia iluminada por la fe. Desde esta perspectiva, lo que una persona percibe inmediatamente como malo puede resultar a menudo bueno, como sería el caso, por ejemplo, de un tratamiento médico doloroso.

La misericordia, y la caridad en general, pueden aspirar a un bien más allá de la justicia, pero no en oposición a ella. Como ha enseñado Benedicto XVI, «*la caridad supera a la justicia*, porque amar es dar, ofrecer "lo mío" al otro; pero nunca es sin justicia, que induce a dar al otro lo que es "suyo", lo que le es debido por razón de su ser y de su hacer. No puedo "dar" al otro de lo mío sin darle antes lo que es "suyo" según la justicia. Quien ama a los demás con caridad es ante todo justo con ellos» (*Caritas in veritate*, 6).

En cuanto a los posibles contrastes, hay que partir del principio de que siempre hay que hacer el bien posible, discerniendo cuidadosamente cuál es el verdadero bien. La prudencia, *auriga virtutum*, llevará a discernir cuál es la solución justa y cómo satisfacer la necesidad de la persona sometida por la necesaria (y justa) medida legal. La misericordia injusta, en cambio, no puede ser una buena solución, precisamente porque es injusta: «Iustitia sine misericordia crudelitas est, misericordia sine iustitia mater est dissolutionis» (Santo Tomás de Aquino, *Super Evangelium Matthaei*, cap. 5, lectio 2).

Se puede observar que la misericordia lleva al perdón más que a la exigencia del derecho. El deber de caridad de perdonar no quita nada al deber de justicia de dar a cada uno lo suyo. El perdón, sin embargo, solo puede otorgarse a la persona ofendida, no al ofensor ni a un tercero.

> En el contexto penal, hay que considerar que el delito, más allá del daño que pueda causar a una víctima concreta (que puede perdonar misericordiosamente), causa un daño a la comunidad en su conjunto, por lo que surge la necesidad de enmienda del delincuente. La comunidad también puede perdonar, siempre que sus miembros estén protegidos del daño. La autoridad eclesiástica competente, actuando en nombre de la comunidad, puede mostrar misericordia al delincuente, siempre que no cause un daño injusto a la comunidad. No sería un buen acto perdonar un delito, bajo pretexto de misericordia, si al hacerlo se comete una injusticia contra la comunidad. La justicia querrá que el delincuente sea castigado; la misericordia puede ser practicada por la autoridad competente, no cometiendo la injusticia de no castigar la acción delictiva, sino buscando la conversión del delincuente y ayudándole en todo lo posible.

La misericordia, en definitiva, debe practicarse según la verdad, pues de lo contrario se confunde la virtud de la misericordia con el buenismo sentimental. A menudo sucede, además, que la supuesta misericordia contrapuesta a la justicia no es, de hecho, ni siquiera verdadera misericordia, puesto que no se elimina el verdadero mal.

> Por ejemplo, en el ámbito matrimonial se ha extendido desgraciadamente en las últimas décadas una mentalidad que, deseosa de salir al paso de la situación de quienes han visto fracasar su matrimonio, pretende declararlo nulo, independientemente de la verdad y certeza moral de tal nulidad, para permitir la celebración de un segundo matrimonio. Tal solución de conveniencia no es, sin embargo, ni justa ni, bien mirado, misericordiosa. Una declaración en el sentido de que consta la nulidad del matrimonio cuando en realidad no existe certeza moral de esa nulidad, además de ser falsa, es injusta para la comunidad (que tiene derecho a la protección de la institución del matrimonio, a la estabilidad del vínculo celebrado conforme a la formalidad prevista), hacia

terceros (parientes cercanos que pueden no entender tal decisión) y hacia los propios cónyuges, ya que la falsa sentencia, por muy satisfactorios que sean sus deseos, es contraria a sus bienes jurídicos, como son el derecho a conocer el juicio de la Iglesia sobre su vínculo matrimonial y el derecho a ser ayudados espiritualmente en todas las fases de su vida. De ello se deduce que tal sentencia ni siquiera sería misericordiosa en realidad, ya que no eliminaría un mal real, sino que, por el contrario, lo agravaría. Las autoridades eclesiásticas deben estar al servicio de la conciencia de los fieles, tienen la misión de estimularla y de formarla, más que de confundirla o anestesiarla.

4.3. *Equidad*

En el contexto de las necesidades pastorales y la práctica de la misericordia, a menudo se apela a la equidad canónica. Un conocido canonista medieval, Enrico da Susa, conocido como el cardenal Ostiense, atribuyó a San Cipriano una definición de equidad que más tarde se convertiría en clásica en el ámbito canónico: «iustitia dulcore misericordiae temperata», es decir, la justicia atemperada, templada, por la dulzura de la misericordia. Gran parte del derecho canónico, remitiéndose a esta definición, tiende a ofrecer una idea imprecisa de la equidad, refiriéndose a la caridad y a la misericordia, pero sin explicar cómo puede intervenir sobre la justicia. Aunque el Ostiense insistiese sobre la justicia, el problema es comprender qué puede significar una «iustitia temperata». Siendo la justicia la virtud de dar a cada uno lo suyo, atemperar la virtud no puede significar en modo alguno dar algo menos al titular del derecho; la justicia exige siempre igualdad entre lo justo y lo debido.

La idea de "epiqueya" mencionada por Aristóteles es comúnmente aceptada. El Estagirita señaló que, dado que la ley es una norma abstracta (es decir, abstrae las circunstancias personales, el lugar, el tiempo, para dar una regla general), podría ser más conveniente en circunstancias excepcionales apartarse de la regla general abstracta de la ley para encontrar una solución extraordinaria, mientras que la regla general sigue siendo válida para la generalidad de los casos. Algunos llaman 'equidad' a este tipo de excepción a la ley, mientras que otros prefieren utilizar en estos casos la palabra griega *epieikeia* y reservar la equidad a esa idea imprecisa de justicia atemperada. En cualquier caso, como ya se ha señalado, la equidad no podría estar en contra de la justicia; y en lo que tuviera de misericordia, sería, precisamente, misericordia pero no derecho exigible.

Santo Tomás de Aquino, en cambio, ofrece una idea más rigurosa de la equidad. Sería la parte de la justicia que va más allá de lo justo definido por la ley, remontándose a principios superiores; lo *aequum* (lo equitativo), tanto si va más allá de la ley como si es incluso contraria a la ley, seguiría siendo una parte de lo justo. La equidad sería, por tanto, pura justicia y, como tal, exigible. Por paradójico que parezca, la excepción a la ley (en una circunstancia también excepcional) es justa, incluso exigible, aunque la ley sea justa para la generalidad de los casos.

> El ejemplo considerado por el Aquinate, recurrente en la Edad Media, es la legitimidad de no devolver la espada a su dueño cuando este está furioso. El título de propiedad exigiría la restitución, pero hay principios superiores que hacen considerar los derechos a la vida, a la integridad física, que deben ser defendidos y hacen legítimo en una circunstancia concreta conducirse no devolviendo momentáneamente lo que pone en peligro estos bienes jurídicos; en tal circunstancia, no la misericordia sino la misma justicia exige no devolver la espada.

Aunque es preferible la idea precisa de equidad de Santo Tomás, por ser más coherente, la referencia a la misericordia subraya lo necesario que es para cualquier comunidad, y naturalmente para la eclesial con mayor razón, que no solo haya justicia para regir la vida social, sino que haya también otras virtudes indispensables en las relaciones humanas.

> «El amor -la *caritas*- siempre será necesario, incluso en la sociedad más justa. No hay ordenamiento estatal justo que pueda hacer superfluo el servicio del amor. Quien quiere deshacerse del amor se dispone a deshacerse del hombre en cuanto hombre» (Benedicto XVI, *Deus caritas est*, 28 b).
> A veces puede haber una *aequitas scripta canónica*, una disposición legal para practicar la caridad, la misericordia. Naturalmente, la legislación canónica debe inspirarse en la caridad. La disposición legal inspirada en la caridad, sin embargo, puede constituir un nuevo derecho y crear así un deber de justicia.

Por tanto, la equidad permite excepciones a la ley en circunstancias excepcionales. Esto podría parecer un ataque a la objetividad y a la seguridad jurídica, pero si se analiza la cuestión con detenimiento, se ve, por un lado, que lo importante no es la seguridad en sí, sino la seguridad de la justicia (no tendría sentido estar seguro de recibir un trato injusto) y, por otro, que hay que superar el mito de la objetividad de un texto normativo, ya que los textos son fáciles de manipular, mientras que lo realmente objetivo es la realidad de las cosas en sí.

Finalmente, hay que señalar que la excepción es siempre a la ley humana. No tiene sentido hipotetizar una excepción a la ley divina, y ello no porque se requiera la autoridad del propio Legislador, es decir, de Dios, sino porque la ley divina, a diferencia de la ley humana, no es una norma abstracta, extrínseca a la realidad, sino que, por el contrario, es la norma fundante de la realidad, es siempre real y, por tanto, vigente, de modo que una excepción a la ley divina sería decir que lo que no es bueno es bueno, lo cual sería una contradicción metafísica. De hecho, es precisamente la imposibilidad de hacer una excepción a la ley divina lo que exige la excepción a la ley humana (Rodríguez Luño). Otra cosa es hacer excepciones no a la ley divina, sino a la formulación humana (abstracta e imperfecta) de la ley divina.

5. El conocimiento del derecho en la Iglesia

Dentro de la Iglesia, por tanto, existen derechos, relaciones interpersonales jurídicas. Por tanto, debe existir también una *iusti atque iniusti scientia* relativa a la vida eclesial. Todo lo que se ha dicho sobre el conocimiento práctico y científico del derecho (Lección 1, n. 6) vale para el conocimiento del derecho canónico: hay un arte jurídico relativo a los derechos en la Iglesia y una ciencia del derecho canónico, cuyo objeto es, precisamente, lo justo y lo injusto en la Iglesia. Así como la realidad jurídica en la Iglesia es tan jurídica como la presente en la sociedad civil, así también el conocimiento jurídico del derecho en la Iglesia es tan jurídico como el del derecho civil: las realidades en sí a las que se hace referencia pueden ser distintas (por ejemplo, los sacramentos en un caso, los contratos mercantiles en otro), pero no su juridicidad, es decir, su razón de ser debidas porque pertenecen a otro.

Los juristas expertos de los derechos de la Iglesia se llamaban canonistas en las universidades medievales en consideración a los cánones (normas) dictados por las autoridades eclesiásticas, para distinguirlos de los juristas civiles, a veces llamados legistas en referencia a las leyes civiles, entendiendo, sin embargo, que ni el objeto de la ciencia canónica son los cánones eclesiásticos, ni el objeto de la ciencia jurídica secular es la ley civil, sino que para ambas ciencias el objeto es siempre lo justo y lo injusto; en el caso de los canonistas, será el derecho en el ámbito de la Iglesia, y en el caso de los legistas en el ámbito de la sociedad civil. Dado que ambas se ocupan de la misma dimensión de la realidad, aunque referida a cosas distintas, el conocimiento mutuo, el estudio *utriusque iuris,* es muy enriquecedor, como se ha puesto de manifiesto a lo largo de la historia.

La ciencia del derecho canónico es, por tanto, una ciencia jurídica relativa a las realidades eclesiales. Puesto que los derechos son las *res iustae*, el canonista debe estudiar la realidad de la Iglesia (la posición de las personas en la Iglesia y su vida dentro del Pueblo de Dios, los sacramentos, etc.), pero no en sí mismas, sino *sub specie iustitiae*. Aunque al canonista solo le interese la dimensión jurídica de las cosas, esta dimensión es inherente a la realidad misma. Por tanto, es imposible conocer el derecho si no se conoce la realidad a la que se refiere esta dimensión jurídica. No en vano se dice con razón que *canonista sine theologia, nihil*.

Si se concibiera erróneamente el estudio del derecho canónico como el mero conocimiento de la legislación eclesiástica, el interés del teólogo por esta "ciencia" debería ser más bien escaso, ya que tal saber solo ofrecería el conocimiento de un aspecto de la vida histórica de la Iglesia y de algunas manifestaciones más bien indirectas del magisterio de la Iglesia. A la inversa, puesto que el objeto de la ciencia canónica es lo justo y lo injusto en la Iglesia, y puesto que la dimensión jurídica de la Iglesia, aunque parcial, es un aspecto de la realidad misma de la Iglesia, para tener una idea completa del misterio de la Iglesia hay que conocer también su dimensión jurídica. Concretamente, un teólogo no puede ignorar las razones por las que existen los derechos en la Iglesia, bajo la pena de caer en una visión errónea del misterio de la Iglesia, del mismo modo que también debe conocer la dimensión jurídica de ciertas realidades para comprender mejor su esencia (basta pensar, por ejemplo, en la comprensión del episcopado o en la profundización del misterio del sacramento del matrimonio).

Al igual que la ciencia del derecho civil, la ciencia del derecho canónico también puede dividirse en ramas científicas según los principios jurídicos que se toman en consideración y según las clasificaciones conceptuales desarrolladas: derecho penal, derecho procesal, derecho administrativo, etc. En el presente volumen solo se abordan algunas cuestiones seleccionadas que, en opinión de los autores, pueden ofrecer una visión básica de la realidad jurídica de la Iglesia, con el fin de introducir al lector en la ciencia del derecho canónico.

ORIENTACIÓN BIBLIOGRÁFICA

Es muy recomendable profundizar en la fundamentación de la naturaleza jurídica de la Iglesia según la exposición que se presenta en esta Lección: J. HERVADA, *Las raíces sacramentales del derecho canónico*, en *Estudios de Derecho Canónico y Derecho Eclesiástico en homenaje del profesor Maldonado*, Universidad Complutense, Madrid 1983, pp. 245-269). Para una visión de conjunto de las distintas posiciones sobre la fundamentación del Derecho canónico véase C. J. ERRÁZURIZ M., *Curso fundamental sobre el derecho en la Iglesia*, I, Eunsa, Pamplona 2021, pp. 3-48 y con mayor profundidad aún por el mismo autor: *Il diritto e la giustizia nella Chiesa. Per una teoria fondamentale del diritto canonico*, Giuffrè , Milán 2000, especialmente pp. 176-207.

Sobre el tema del derecho y la pastoral, véase E. BAURA, *Pastorale e diritto nella Chiesa*, en *Vent'anni di esperienza canonica: 1983-2003*, editado por el PONTIFICIO CONSEJO PARA LOS TEXTOS LEGISLATIVOS, Libreria Editrice Vaticana, Città del Vaticano 2003, pp. 159-180, y sobre la relación entre derecho y misericordia en E. BAURA, *Misericordia e diritto nella Chiesa*, en *Ius quia iustum. Festschrift für Helmuth Pree zum 65. Geburtstag*, editado por E. Güthoff y S. Haering, Berlín, Duncker & Humblot, 2015, pp. 23-37, ambos disponibles en http://baura.pusc.it/.

En cuanto a la equidad, la bibliografía es interminable. Textos clásicos importantes son: ARISTÓTELES, *Ética a Nicómaco*, libro V (esp. n. 10); SANTO TOMÁS DE AQUINO, *Summa Theologiae*, II-II, q. 57 (*de iure*) y II-II, q. 120 (*De epieikeia*). También puede ser útil la lectura de J. PIEPER, *Sobre la justicia*, Madrid, Rialp 2007⁹, pp. 85-172.

EL DERECHO CANÓNICO EN LA HISTORIA

RESUMEN: 1. *¿Desde cuándo existe el derecho en la Iglesia?*; 1.1. La fundamental historicidad del derecho; 1.2. La Iglesia en el siglo I: ¿carisma o institución?; 1.3. ¿Dimensión jurídica del Nuevo Testamento?; 1.4. Carácter estructurante del sacramento del Orden en las primeras comunidades. 2 *Desafíos jurídicos de la Iglesia en el Imperio romano*; 2.1. Problemas jurídicos ligados a las persecuciones y a las herejías; 2.2. ¿De las Iglesias a la Iglesia? 2.3. El nacimiento de la legislación escrita (¡pero no del derecho!). 3. *La Iglesia en el feudalismo (siglos VI-XII)*; 3.1 Desafíos jurídicos en la época feudal. Privatización y secularización del patrimonio eclesiástico; 3.2 Crisis y reformas. 4. *El derecho canónico clásico y postclásico (1140-1563)*; 4.1. Nuevos retos y nacimiento de la ciencia canónica; 4.2. La época del derecho común (*utrumque ius*). 5 *Del Concilio de Trento a la codificación*; 5.1. Controversias sobre el derecho canónico y reforma católica; 5.2. Derecho misionero; 5.3. Sistematización del derecho y codificación.

1. ¿DESDE CUÁNDO EXISTE EL DERECHO EN LA IGLESIA?

El primer problema jurídico que podemos encontrar en la historia es el del nacimiento de este derecho: ¿está presente en la Iglesia desde el principio o fue introducido a lo largo de los siglos, como un instrumento técnico ajeno a la Iglesia, incluso transformando poco a poco su naturaleza, como algunos pretenden todavía hoy? Si, como veremos, el derecho constituye una dimensión intrínseca de la propia Iglesia, debemos preguntarnos cuáles son sus primeras manifestaciones.

1.1. *La historicidad fundamental del Derecho*

El Derecho canónico es una realidad esencialmente histórica. No consiste en un sistema abstracto de normas generales, sino que se manifiesta en la realidad de los casos concretos. Vinculado a la historicidad de las personas e instituciones humanas, el Derecho refleja la dinámica de sus relaciones en circunstancias concretas de lugar y tiempo, únicas e irrepetibles. A pesar de esta aparente contingencia, la historia del Derecho no solo tiene un valor "cultural" de puro conocimiento del pasado de la materia o del origen de los cánones. Por el contrario, ilumina los problemas jurídicos actuales y contribuye a su resolución, porque la ciencia del derecho, eminentemente práctica, requiere un conocimiento jurisprudencial: las decisiones del pasado tomadas en casos similares ayudan a discernir lo justo y lo injusto en las situaciones concretas del presente, y las decisiones presentes se entienden como una extensión creativa del pasado. Se comprende así cómo la tradición canónica es una realidad fundamentalmente viva y, por tanto, histórica.

La historia del Derecho canónico se ha reducido a menudo a la "historia de las fuentes", es decir, a la historia de las colecciones canónicas, de las fuentes de producción de normas y del sistema normativo, o a la "historia de las instituciones". Este reduccionismo se vio amplificado por el proceso de sistematización y abstracción de las normas con la codificación de 1917, que provocó una fractura entre el estudio de la historia y el derecho vigente. Se fue perdiendo de vista el carácter esencialmente dinámico de las relaciones de justicia intraeclesiales y la historia quedó reducida a una disciplina auxiliar, útil solo para aportar alguna información sobre los antecedentes históricos de los cánones.

Ahora bien, si el derecho canónico como objeto de la justicia en la Iglesia, reside en los bienes jurídicos propios de la Iglesia (la palabra de Dios, los sacramentos, la comunión), su historia no puede limitarse a la historia de las normas canónicas, sino que debe abarcar las cuestiones jurídicas mismas y su evolución en el tiempo. De este modo, la experiencia jurídica bimilenaria de la Iglesia puede iluminar verdaderamente el derecho presente y discernir qué principios son permanentes (derecho divino, ¡pero no solo!), y qué características, en cambio, proceden de la dinámica histórica de determinación de las relaciones de justicia intraeclesiales y, por consiguiente, están sujetos a cambios.

1.2. *La Iglesia del siglo I: ¿carisma o institución?*

A principios del siglo XX, un luterano, Rudolf Sohm, afirmaba que la Iglesia del siglo I solo conocía una organización carismática, extraña a cualquier forma de derecho. Según él, las diferentes misiones (gobernar, proclamar la palabra de Dios, enseñar o celebrar los sacramentos) se asignaban en función de los dones del Espíritu Santo. La juridificación de la Iglesia se habría desarrollado durante el primer milenio, pero sobre todo en el siglo XII, tras el *Decreto* de Graciano (1140). En esta época, los canonistas habrían introducido el derecho romano en las instituciones eclesiásticas y transformado a la Iglesia en una corporación con poder legislativo y administrativo, al mismo nivel que los entes políticos. Esta transición significaría precisamente, según Sohm, una subversión de la organización carismática original. Esta tesis, aún hoy muy extendida incluso en ambientes católicos, reproduce una visión cuestionable de la naturaleza de la Iglesia, del derecho y de la relación entre ambos, y ni siquiera responde a la realidad histórica.

La realidad histórica es que ya en las primeras comunidades se dan situaciones en las que la palabra de Dios debe ser predicada, los sacramentos celebrados y la comunidad eclesial organizada. Es decir, existen problemas jurídicos que han encontrado una solución precisamente jurídica. Así pues, la Iglesia no es puramente carismática al principio, precisamente por su dimensión humana, ¡pero sobre todo por su misión! Por esta razón, se puede decir que el derecho es intrínseco a la Iglesia y que ya se manifestaba en tiempos apostólicos. Sin embargo, hay que buscarlo allí donde se encuentra. La escasez de normas escritas durante los primeros siglos no significa, por tanto, «ausencia de derecho», sino solo ausencia de fuentes escritas explícitamente canónicas. La costumbre es, por ejemplo, la forma habitual bajo la cual se manifiestan las reglas de derecho en los primeros momentos de la vida de cualquier comunidad civil o religiosa.

1.3. *¿Dimensión jurídica del Nuevo Testamento?*

Sin embargo, si queremos encontrar algunas «normas» canónicas, aplicables desde el principio, abramos el Nuevo Testamento. A primera vista, los pasajes más significativos son las disposiciones relativas a la primacía de Pedro (Mt 16, 18; Hch 2, 14), la remisión de los pecados por los apóstoles (Jn 20, 23), la elección de ministros sagrados (diáconos en Hch 6, 1-6), la indisolubilidad del matrimonio (Mt 5, 31 y 19, 9; Mc 10, 11-12; Lc 16, 18), el privilegio paulino (1 Co 7, 15), las decisiones del Concilio de Jerusalén del 49 (Hch 15, 1), el comportamiento durante los actos de culto (cartas pastorales). Sin embargo, la dimensión jurídica del Nuevo Testamento no se reduce a estos pasajes, porque el derecho no consiste en una lista de normas o disposiciones disciplinares.

La dimensión jurídica del Nuevo Testamento se capta más bien a partir de la misión confiada a la Iglesia por el Señor mismo, de celebrar los sacramentos (especialmente el bautismo y la Eucaristía) y de predicar la palabra, verdadero "depósito" que hay que custodiar (1 Tm 6,20; 2 Tm 1,13-14): "Id, pues, y haced discípulos a todas las gentes, bautizándolas en el nombre del Padre y del Hijo y del Espíritu Santo, y enseñándoles a guardar todo lo que yo os he mandado" (Mt 28, 19-20). Este mandamiento de Cristo constituye de hecho la fuente primera del derecho canónico: divide las competencias de la Iglesia y en la Iglesia y crea así deberes y derechos propiamente jurídicos, en torno a un bien jurídicamente constituido: la palabra, los sacramentos.

1.4. *Carácter estructurante del sacramento del Orden en las primeras comunidades*

El término *ecclesia,* ya presente en los *Hechos,* sugiere la existencia de una estructuración de los fieles como cuerpo social. Esta organización jerárquica no es meramente carismática, sino plena e intrínsecamente jurídica. Además, no resulta de una elección entre modelos arquitectónicos externos, sino que se desarrolla según procesos inscritos en su naturaleza. Esto se manifiesta precisamente en la centralidad del sacramento del Orden en la organización de las comunidades. Este sacramento no responde a una lógica de poder, sino a la realización de una misión de evangelización, celebración de los sacramentos y resolución de conflictos, al servicio de los fieles.

La organización eclesiástica se desarrolla en torno a los apóstoles, a sus colaboradores y más tarde primeros sucesores, asistidos por los presbíteros y diáconos. Los ministros son elegidos y ordenados según criterios establecidos en gran medida por los propios apóstoles (cf. 1 Tm 3,1-13). Disponen de un poder normativo para proclamar y explicar el Evangelio, un poder de gobierno para dar disposiciones concretas en materia de fe, costumbres, liturgia y jerarquía. El obispo ejerce la potestad jurisdiccional (1 Cor 6,1-8; 1 Tim 1,19-20; Tito 3,10-11) en las causas disciplinares y en las controversias entre los fieles sometidos a su autoridad, aplicando tanto las normas propias de la Iglesia como las del derecho secular. El obispo puede amonestar, infligir castigos incluida la excomunión.

2. Desafíos jurídicos de la Iglesia en el Imperio Romano

Los cinco primeros siglos fueron decisivos para la formación del derecho en la Iglesia, no solo porque están marcados por los primeros textos litúrgico-canónicos o por la irrupción de normas (cánones de los primeros concilios y decretos pontificios), sino porque ofrecen un vasto panorama de problemáticas jurídicas derivadas de las propias circunstancias: persecuciones, herejías, expansión apostólica, estatuto jurídico de religión tolerada y luego oficial del Imperio romano... las problemáticas jurídicas se desarrollan así en torno a los criterios de pertenencia a la Iglesia (bautismo de adultos y niños, reintegración de fieles apóstatas o herejes arrepentidos), a la validez de los sacramentos celebrados por ministros *lapsi* o heréticos, a la organización eclesiástica a nivel supra local, a las relaciones con el poder político y a la integración del derecho romano en el derecho de la Iglesia.

2.1. *Cuestiones jurídicas relacionadas con las persecuciones y las herejías*

En los tres primeros siglos, la Iglesia, perseguida por las autoridades del Imperio Romano, se enfrentó al problema del estatuto de los cristianos que habían sucumbido a la persecución, los llamados *lapsi*. No se les puede quitar el bautismo, pero ¿pueden seguir participando en la vida de la Iglesia y recibir concretamente los demás sacramentos? ¿Qué ocurre cuando los *lapsi* o herejes son incluso obispos o sacerdotes? Después de una penitencia, ¿pueden permanecer en sus funciones y seguir celebrando los sacramentos, y si lo hicieran, cuál sería su validez?

Nos encontramos ante cuestiones primordiales que no solo conciernen al estatuto de las personas en la Iglesia, sino que implican también la decisión sobre la eficacia de los sacramentos y sus efectos. En otras palabras: ¿qué es justo atribuir a la acción de los sacramentos mismos y qué depende, en cambio, de la dignidad del ministro? En efecto, no toda carencia del ministro repercute en el sacramento, cuya eficacia depende de Dios, pero, por otra parte, no todos los sacramentos son necesarios para la salvación personal. Por tanto, había que distinguir entre sacramentos de necesidad y de dignidad, y según los casos, evaluar cada situación en función de las circunstancias políticas y personales de los fieles y de los ministros.

La respuesta histórica fue problemática. El rigorismo amenazaba la eficacia divina de los sacramentos, mientras que el laxismo creaba graves injusticias entre los fieles. En este debate, algunos (san Cipriano en África, el papa Cornelio en Roma) eran partidarios de perdonar en ciertos casos e imponer penitencias, mientras que el rigorista Novaciano se oponía a cualquier indulgencia. El Concilio de Nicea (325) prohibió la ordenación de los *lapsi,* pero el problema jurídico continuó a lo largo del siglo IV, generando también cismas en la Iglesia, especialmente en África con los donatistas, que negaban la validez de los sacramentos celebrados por los clérigos *lapsi,* y establecieron una nueva jerarquía paralela. Estas controversias fueron la ocasión para afirmar que la eficacia de los sacramentos no dependía de los méritos del ministro, sino de su celebración: *ex opere operato*.

2.2. *¿De las Iglesias a la Iglesia?*

La expansión apostólica tuvo considerables implicaciones jurídicas. Además de la creación de nuevas diócesis, las comunidades se coordinaron a nivel supra local, con nuevas estructuras: provincias eclesiásticas y patriarcados (Roma, Alejandría, Antioquía, Jerusalén, Constantinopla). Los sínodos regionales (en África, España, Galia y en Roma) o concilios «ecuménicos» facilitaron la acción colegial y crearon abundante material legislativo (los "cánones"), así como judicial, ya que a menudo servían de tribunal para juzgar a sacerdotes y obispos. En este periodo, el primado romano, reconocido desde el principio en materia doctrinal, litúrgica o disciplinar, adopta la forma de un primado de jurisdicción.

La progresiva organización de las instituciones eclesiásticas a nivel supra local no estuvo exenta de tensiones y rivalidades entre los distintos niveles jerárquicos, entre los propios patriarcados, pero ello no significa que el reparto de competencias territoriales y responsabilidades decisorias fuera fruto de vicisitudes políticas o de intereses particulares exclusivamente. El análisis histórico de la organización institucional de la Iglesia no debe olvidar el hecho ineludible del plan divino revelado. Desde este punto de vista, parece difícil hablar de una transición "de las Iglesias a la Iglesia". La verdad histórica, y teológica, es que la Iglesia no se constituye como una federación de Iglesias locales autónomas. En efecto, su unidad no es el resultado de un proceso humano histórico o institucional de unificación, sino el principio mismo del que parte: es la primera estructura esencial, divina, de la Iglesia, realizada en Jerusalén en la Cena del Señor, la que explica la unidad de las Iglesias. Para San Pablo, la Iglesia es propiamente el cuerpo de Cristo y lo es cada vez más a partir de la Eucaristía. Este es el punto fundamental que nos permite comprender el desarrollo concomitante de la colegialidad y de la jerarquía durante los cinco primeros siglos y captar la realidad histórica en su justo sentido.

2.3. *El nacimiento de la legislación escrita (¡pero no del Derecho!)*

Otro aspecto significativo de este periodo reside en la producción de normas. Una vez más, estas normas no deben confundirse con el derecho. El derecho consiste en las cosas mismas, debidas en justicia. Las normas no son más que reglas que permiten atribuir cosas entre personas, instituciones... Las normas y las prácticas se transmitieron primero oralmente y luego se formalizaron en forma de preceptos escritos, atribuidos a los apóstoles, para decidir cuestiones disciplinares, litúrgicas, morales. También se recurre a los escritos de los Padres de la Iglesia para avalar soluciones canónicas (por ejemplo, San Agustín, citado a menudo por su doctrina sobre los sacramentos, especialmente sobre el matrimonio y la comunión).

Con el desarrollo de la actividad conciliar y sinodal, los cánones, es decir, las decisiones tomadas por estas asambleas, se recogen en colecciones canónicas para ser conservadas y transmitidas al conjunto de la Iglesia o a determinadas partes, según la importancia del sínodo. Así, existen colecciones canónicas para Oriente (en griego), África, Galia e Italia (en latín). Junto a los cánones conciliares, a partir de finales del siglo IV, las decretales constituyen cada vez más una fuente jurídica importante: son las respuestas dadas por los romanos pontificios a las preguntas de los obispos. Originalmente, la respuesta se refiere a un caso concreto, pero adquiere en sí misma un valor universal, en virtud de la autoridad única reconocida a la Sede romana. Estas normas tienden a conformar una disciplina común para toda la Iglesia. Por último, cabe destacar la influencia instrumental y técnica del derecho romano en el orden jurídico de la Iglesia, especialmente en los ámbitos patrimonial y organizativo, con la difusión de la terminología (*ordo, potestas, sacramentum, decretum, constitutio, diocesis, etc.*).

3. La Iglesia en el feudalismo (siglos VI-XII)

3.1. *Desafíos jurídicos en la época feudal. Privatización y secularización del patrimonio eclesiástico*

La entrada de los pueblos germánicos en el territorio del Imperio Romano de Occidente en el siglo V transformó radicalmente sus estructuras políticas, económicas y sociales. En el ámbito jurídico, el derecho germánico favoreció la descentralización y la privatización de las relaciones jurídicas en una sociedad ahora esencialmente rural.

Desde el punto de vista de la organización, la Iglesia tuvo que adaptar sus instituciones para evangelizar el campo, por lo que se vio inducida a parcelar sus circunscripciones y a crear instituciones jurídicas que actuaban de bisagra con la sociedad feudal. A nivel local, las parroquias rurales adquieren mayor autonomía para la administración de los sacramentos, en detrimento del poder episcopal. En el plano supra local, la Iglesia debe adaptarse a la fragmentación política de Occidente y organizarse en función de la geografía de los nuevos reinos. Paralelamente a estos cambios, la época conoció una fuerte expansión misionera en el norte y el este de Europa, en la que el monacato desempeñó un papel importante e impuso sus estructuras. En este sentido, la regla de San Benito se extendió rápidamente por toda la cristiandad occidental.

En el ámbito patrimonial, la Iglesia tuvo que adaptar sus estructuras al sistema feudal con nuevas instituciones jurídicas: el beneficio, la inmunidad y el sistema de «iglesias privadas». Además, parte del episcopado pasó a formar parte de la jerarquía feudal, mientras que los monasterios se convirtieron en grandes terratenientes. Estos fenómenos son de capital importancia para comprender los problemas jurídicos de la Iglesia a lo largo de 1500 años.

El *beneficio eclesiástico* es una dotación patrimonial (tierras, bienes patrimoniales) asignada de forma permanente para garantizar el ejercicio de una función espiritual, a cambio de una remuneración procedente de rentas anuales. Este sistema permite mantener al clero. En adelante, el oficio eclesiástico estará vinculado a un beneficio, hasta el Código de 1983.

La *inmunidad* designa la exención de cargas y contribuciones y, posteriormente, la prohibición de ejercer actos de fuerza sobre personas y bienes eclesiásticos. En el caso de las iglesias y monasterios, los obispos y abades gozan de inmunidad frente a cualquier intervención de los funcionarios públicos en las tierras que constituyen el patrimonio feudal. La inmunidad otorga a los obispos y abades el poder de juzgar a los religiosos que dependen de ellos, pero también a los laicos que viven y prestan servicio dentro de los confines de las tierras beneficiales.

El fenómeno de la *iglesia privada* o *propia* consiste en la construcción por parte de un rico terrateniente de una iglesia en su propiedad, con el compromiso de dotarla de los bienes inmuebles necesarios para su subsistencia. A cambio, el fundador se reserva el derecho de propiedad y el derecho a destituir o nombrar al titular.

3.2. *Crisis y reformas*

Los cambios introducidos en la Iglesia, especialmente a nivel patrimonial, generan diversos abusos. Diversos intentos de reforma caracterizan la Alta Edad Media, a menudo iniciados por el poder civil. El primer intento tuvo lugar hacia el año 800, cuando Carlomagno facilitó una reforma eclesiástica, con la unificación de la liturgia y de las normas canónicas (colección *Dionisio-Adriana*), y sobre todo una reforma de las costumbres y de la formación del clero. Sin embargo, para asegurar su independencia política, el Romano Pontífice tuvo que entrar en la lógica feudal y convertirse en soberano temporal: fue el inicio de los Estados Pontificios en Italia, que durarían hasta 1870.

El declive de la dinastía carolingia y el debilitamiento del papado debido a las rivalidades entre las familias romanas dieron lugar a nuevos abusos. Los nombramientos para los oficios eclesiásticos (obispos, abades, párrocos) se dejaron en manos de los señores feudales (investidura laica) y dieron lugar a la generalización de la simonía, o compraventa de oficios eclesiásticos. Como consecuencia, los oficios eclesiásticos suelen estar ocupados por personas no aptas, generalizándose el concubinato de clérigos (o nicolaísmo).

En estas circunstancias, para garantizar la libertad de la Iglesia frente a los poderes temporales y remediar la corrupción eclesiástica, a mediados del siglo IX, algunos clérigos del norte de Francia redactaron cánones o decretos atribuidos falsamente a los papas de la Antigüedad. Estas falsificaciones, muy útiles para luchar contra la simonía, para afirmar el estrecho vínculo entre los obispos y el papado y para oponerse a las investiduras seculares, se incorporaron a posteriores colecciones canónicas y sus principios pueden rastrearse en el actual código de derecho canónico. Ponen de manifiesto la necesidad de un poder legislativo de eficacia universal en la Iglesia que, en continuidad con la tradición, hiciera frente a los principales retos de la época: realizar las reformas necesarias en la Iglesia, liberarla de las intrusiones del poder temporal y estimular un sentido de unidad en torno a Roma.

A partir del siglo XI, los problemas de la investidura laica, la simonía y el concubinato del clero se abordaron con mayor eficacia bajo el pontificado de Gregorio VII (1073-1085). Varios factores contribuyeron al éxito de la reforma, entre ellos el movimiento espiritual que se apoyó en la abadía benedictina de Cluny. Esta "reforma" consistió en una vasta obra de racionalización de las instituciones eclesiásticas mediante la redacción de nuevos textos normativos auténticos y la elaboración de colecciones canónicas. Las colecciones de Anselmo de Lucca y del cardenal Deusdedit contienen la afirmación de los privilegios de la Iglesia romana, pero también las normas concretas de la reforma (simonía, celibato) con las penas que debían aplicarse a los transgresores. Otra fuente célebre expresa la primacía del Romano Pontífice: el *Dictatus Papae*, una colección de 27 proposiciones sobre los poderes papales, atribuidas al propio Gregorio VII.

4. El derecho canónico clásico y postclásico (1140-1563)

4.1. *Nuevos retos y nacimiento de la ciencia canónica*

En el mismo periodo, junto con el despertar de la vida económica y cultural en Occidente, el derecho canónico experimentó un importante desarrollo porque tuvo que dar respuestas a los nuevos retos de la sociedad: las cruzadas, que plantearon el problema de la guerra justa y de las relaciones con los infieles; el desarrollo de los intercambios comerciales y financieros; la construcción de catedrales (centenares a lo largo de 150 años); las relaciones con los nuevos Estados nacionales; la aparición de estructuras de enseñanza e investigación en las escuelas episcopales (Chartres, Laon, Reims, París...) y luego en las Universidades (Bolonia, Oxford, París); el lugar de las nuevas órdenes mendicantes en la Iglesia y los problemas conectados con la pobreza de los franciscanos y con la inclusión en el sistema universitario de los dominicos. Roma es ahora capaz de producir abundante legislación en forma de decretales, o a través de los cánones de los concilios generales, en los que el Romano Pontífice tiene un papel preponderante. Las nuevas decretales se comentan posteriormente en las universidades, en particular en la de Bolonia, aprovechando también el redescubrimiento y el uso técnico del derecho romano. Se trataba de un saber no solo teórico sino sobre todo prácticos, y dio lugar al renacimiento de la jurisprudencia como "ciencia de lo justo y lo injusto" (*Institutiones* 1,1), y con ella, a la figura del jurista profesional.

Es evidente que el estudio del derecho se beneficia del desarrollo de la dialéctica, que permite armonizar las nuevas normas con la legislación anterior. Los avances más significativos en la consolidación de la hermenéutica como técnica interpretativa en el derecho canónico se encuentran en las obras de Ivo de Chartres y Algero de Lieja, especialmente atentos a la resolución práctica de los conflictos con justicia y misericordia, y sobre todo en el *Decretum* o *Concordia discordantium canonum*, redactado por Graciano hacia el año 1140, que constituye el punto de partida más significativo de las nuevas reflexiones y técnicas canónicas. El *Decreto* reúne las normas del primer milenio e intenta resolver el problema de los cánones discordantes. Para cada tema, Graciano identifica los problemas (fuentes del derecho, proceso, patrimonio, matrimonio, clérigos, religiosos, penitencia, culto, sacramentos...), cita las *auctoritates*, es decir, las fuentes normativas (Sagrada Escritura, cánones, decretales, escritos de los Padres), y luego, en sus comentarios o *dicta*, busca los criterios de distinción para resolver las contradicciones. A pesar de su carácter privado, el *Decreto* de Graciano gozó de tal prestigio que fue adoptado para el estudio del derecho canónico en todas las universidades.

Lejos de detenerse en el estudio del *Decreto,* la atención de los canonistas se desplaza también hacia las nuevas decretales, más acordes con las necesidades del momento. Este desarrollo científico se produce en un contexto de gran sintonía con la autoridad pontificia: algunos papas de la época son excelentes canonistas (Alejandro III e Inocencio IV) y las nuevas decretales se promulgan enviándolas a la Universidad de Bolonia, donde son comentadas y recogidas en colecciones sucesivas, según un orden sistemático que estructurará la ciencia del derecho canónico hasta el código de 1917: *iudex, iudicium, clerus, connubium, crimen* es decir: fuentes del derecho y jerarquía eclesiástica, proceso judicial, personas (clérigos, religiosos y laicos), patrimonio, matrimonio y derecho penal.

Como la producción de nuevas decretales no cesó durante dos siglos, los papas siguientes promulgaron nuevas colecciones: el *Liber Extra,* de Raimundo de Peñafort, promulgado por Gregorio IX en 1234, recoge las decretales posteriores al *Decreto* de Graciano. El *Liber Sextus*, promulgado por Bonifacio VIII, recoge las decretales de 1234 a 1298 junto con los textos de los Concilios I y II de Lyon. Siguieron las *Clementinas* en 1317, completado más tarde (1500) con dos breves colecciones privadas: las *Extravagantes de Juan XXII* y las *Extravagantes comunes*. Con el *Decreto* de Graciano, estas colecciones constituyen el *Corpus iuris canonici. Sin* embargo, estamos hablando de un *corpus* de leyes, no de un código. La lógica es muy diferente. La centralización de la actividad compiladora solo responde a la necesidad de introducir orden y certeza en la legislación para que solo se utilicen textos auténticos en los juicios y en las escuelas. Se trata, pues, de un derecho vivo, estudiado, no «aplicado» sino controvertido y enriquecido por la necesidad de resolver litigios concretos según principios de justicia.

En este sistema, la tarea dejada a los juristas, graduados en los dos derechos (canónico y civil), es decisiva. Ninguna otra época, como la Edad Media, reconoció una autoridad similar a los intérpretes, llamados *decretistas* (canonistas que glosaron el *Decreto* de Graciano) o *decretalistas* (los comentaristas de las nuevas decretales). En las grandes escuelas de juristas (Bolonia, escuela franco-renana, escuela anglo-normanda) se elaboran *Summae* sobre el derecho en su conjunto o sobre determinados temas: *Summa de paenitentia, Ordines iudiciarii* (sobre los procesos judiciales en los tribunales civiles y eclesiásticos). En este periodo extraordinariamente fecundo se elaboraron los principios de una disciplina canónica viva, que forjó la doctrina sobre el matrimonio (traducción de la revelación cristiana sobre el matrimonio natural en categorías jurídicas), sobre el proceso romano-canónico (búsqueda de la verdad objetiva y garantía de los derechos de las partes).

4.2. *La época del derecho común (utrumque ius)*

Un tema muy importante de esta época es también el vínculo entre el derecho canónico y el derecho civil. Estos dos derechos coexisten y se estudian en las universidades europeas y forman lo que se ha dado en llamar "derecho común". El derecho del *Corpus iuris canonici* se presenta como un derecho nuevo, vivo y flexible, frente al derecho civil (derecho romano, el de la colección justinianea). Si el derecho romano dotó al derecho canónico de técnica jurídica, esta contribuyó a adaptar, con espíritu cristiano, las soluciones del *Corpus iuris civilis* a las nuevas necesidades. En efecto, el derecho canónico no solo regula los aspectos jurídicos en el seno de las instituciones eclesiásticas, sino que va mucho más allá y concierne en realidad a toda la vida de los laicos en sus múltiples actividades cotidianas: matrimonios, testamentos, intercambios económicos, procedimientos judiciales.

El derecho canónico de esta época logra armonizar la tradición con una creatividad adecuada, la fidelidad a la autoridad de la Iglesia (*ratio auctoritatis*) y la autoridad de una razón y una ciencia que permanecen en sintonía con la fe y la enseñanza de la Iglesia (*auctoritas rationis*). Los límites de tal sistema residen en la conexión, a veces demasiado estrecha, con un orden jurídico temporal en cuestiones políticas y económico-patrimoniales. Faltando los presupuestos sociohistóricos previos ya en la época postclásica, el derecho canónico medieval perdió su vitalidad y su impacto cultural y social con el declive de la influencia del papado y el auge de las monarquías nacionales. El periodo de Aviñón (1305-1377), el Cisma de Occidente (1378-1417) y la difusión de las doctrinas conciliaristas aceleraron el declive de la ciencia canónica clásica.

5. DEL CONCILIO DE TRENTO A LA CODIFICACIÓN

5.1. *Controversias sobre el derecho canónico y reforma católica*

La reforma protestante ha supuesto sin duda la crítica más radical del derecho en la Iglesia. Apoyándose en la denuncia de ciertos abusos, Lutero llegó a negar la validez de los sacramentos (excepto el bautismo) y a rechazar la estructura jerárquica e institucional de la Iglesia, considerando el derecho canónico como una mera técnica al servicio del poder eclesiástico. En consecuencia, en los países protestantes, fue el poder secular el que asumió la dirección de las Iglesias protestantes. Además, en los países que siguieron siendo católicos, se desarrolló al mismo tiempo el fenómeno del "regalismo", es decir, la intervención de los soberanos en cuestiones de organización eclesiástica.

Lastrada por un poderoso antijuridicismo espiritualista y por la competencia de los poderes seculares, la Iglesia tuvo que emprender una reforma moral e institucional y reafirmar la existencia y necesidad de un derecho propio. Las decisiones disciplinares del Concilio de Trento (1545-1563) introdujeron importantes innovaciones: la obligación del obispo de residir en su propia diócesis, la creación de seminarios diocesanos, la introducción de la forma canónica como requisito para la validez de las celebraciones matrimoniales. En respuesta a la impugnación protestante de la autenticidad de las normas contenidas en el *Corpus iuris canonici*, Gregorio XIII redactó y publicó en 1582 una edición oficial, la *Editio romana*. En los siglos siguientes, también como reacción a las tesis protestantes, que negaban el carácter visible de la Iglesia, pero también contra las prerrogativas de los Estados en el ámbito eclesiástico, la Iglesia desarrolló el *ius publicum ecclesiasticum*, que justifica la existencia y la legitimidad del derecho canónico sobre la base del carácter visible y social de la Iglesia, y presenta a esta última como una «sociedad perfecta» desde el punto de vista institucional.

5.2. *Derecho misionero*

La expansión apostólica en los territorios americanos a partir del siglo XVI tuvo importantes consecuencias jurídicas. La presencia institucional y la actividad misionera de la Santa Sede en estos territorios estuvieron vinculadas al poder monárquico español y portugués, mientras que Roma promovió más directamente las misiones en África y Asia. Las cuestiones jurídicas están relacionadas, entre otras cosas, con la inculturación de la fe. El llamado "derecho misionero" consiste, pues, en precisar si la celebración de los sacramentos (forma o materia) puede adaptarse a las necesidades culturales de los países de misión. La Congregación *De propaganda fide,* establecida de forma definitiva en 1622, elaboró un derecho misionero, unitario en sus aspectos fundamentales, pero también particularmente descentralizado en lo que se refiere a la concesión de facultades reservadas de otra manera a la Sede Apostólica.

5.3. *Sistematización del derecho y codificación*

Desde el punto de vista normativo, tras la abundante producción normativa del Concilio de Trento, Sixto V, en 1588, configuró de nuevo la Curia romana como un conjunto de órganos administrativos y judiciales, que produjeron abundantes decisiones y sentencias. Se creó jurisprudencia sobre los temas más diversos, con muchas adaptaciones del derecho clásico. Sin embargo, a pesar de los repetidos intentos, no se produjo ninguna nueva colección canónica que completara el *Corpus iuris canonici* de forma concisa y fácilmente accesible. Las nuevas decisiones de los pontífices romanos y de la Curia romana se recogieron en colecciones, a menudo privadas, bajo el nombre de *Bullarium*. Paolo Lancellotti publicó las *Institutiones iuris canonici* (1563), donde seguía la sistemática que se remontaba al Derecho romano: personas, cosas, acciones (es decir, procesos), pero su manual no recibió ningún reconocimiento oficial.

Esta acumulación de fuentes canónicas hizo necesario iniciar un proceso de renovación del derecho. La codificación, inspirada en el Código Civil de Napoleón de 1804, fue elegida por Pío X en 1904, y el primer Código de Derecho Canónico fue promulgado por Benedicto XV en 1917. Facilitaba el conocimiento y la aplicación de las normas, porque ofrecía un cuerpo de leyes claro, preciso, unitario, perfectamente sistemático, en cinco libros: normas generales, personas (clérigos, religiosos, laicos), cosas (sacramentos, culto, magisterio, bienes patrimoniales), juicios, delitos y penas. Sin embargo, reflejaba una concepción jerárquica y legalista del derecho en la Iglesia.

La decisión de redactar un nuevo Código fue tomada por Juan XXIII junto con la convocatoria del Vaticano II. La redacción del nuevo Código se hizo después del Concilio a la luz de una visión renovada de la eclesiología (cf. *Lumen Gentium*), pero también en un contexto de confusión que cuestionaba incluso la necesidad del derecho en la Iglesia. Promulgado en 1983, el nuevo Código presenta una disposición más acorde con la naturaleza de la Iglesia. El libro sobre las «personas» se sustituye por el libro sobre el «Pueblo de Dios»; los clérigos no se sitúan en primer plano, sino los fieles; el Magisterio y los sacramentos no se sitúan en un libro sobre las «cosas», sino respectivamente entre las funciones docente y santificadora de la Iglesia. En 1990 también se promulgó un *Codex* para las Iglesias orientales: el *Codex canonum ecclesiarum orientalium*.

La cuestión de la idoneidad de la técnica de codificación sigue abierta. La codificación ha tenido ventajas evidentes, pero a menudo transmite una concepción racionalista y positivista del Derecho, reduciéndolo a un sistema de normas escritas, concebido según una lógica deductiva: se aplican principios generales y abstractos a casos prácticos, sin poder tener siempre en cuenta ni los cambios históricos ni las excepciones necesarias del derecho particular. La interpretación del derecho se reduce a menudo a una mera exégesis del texto escrito, e impide descubrir la verdadera naturaleza del derecho. El redescubrimiento del derecho como objeto de la justicia en una concepción realista sigue siendo más necesario que nunca.

ORIENTACIÓN BIBLIOGRÁFICA

C. J. ERRÁZURIZ M., *Curso fundamental sobre el derecho en la Iglesia*, I, Eunsa, Pamplona 2021, cap. 2, pp. 83-163; J. ORLANDIS, *Historia de las instituciones de la Iglesia Católica*, Eunsa, Pamplona 2003²; N. ÁLVAREZ DE LAS ASTURIAS – J. SEDANO, *Derecho Canónico en perspectiva histórica: Fuentes, ciencia e instituciones*, Eunsa, Pamplona 2022.

LAS RELACIONES ENTRE LA IGLESIA Y LA SOCIEDAD CIVIL

RESUMEN: 1. *Una cuestión histórica sobre la distribución institucional de los poderes*; 1.1. El dualismo cristiano; 1.2. Relaciones con el Imperio Romano; 1.3. Dualismo cristiano y cristiandad medieval; 1.4. La Iglesia ante la reforma protestante y los Estados nacionales; 1.5. Liberalismo, laicismo, revoluciones y separaciones; 1.6. La Iglesia en los siglos XX y XXI; 1.7. Los modelos actuales de relación Iglesia-comunidad política. 2. *La problemática actual de la justicia en las relaciones entre la Iglesia y la sociedad civil*; 2.1. La doctrina del Vaticano II sobre la libertad religiosa; 2.2. La libertad religiosa en la sociedad civil y la verdadera religión; 2.3. Dos órdenes jurídicos distintos pero relacionados; 2.4. Dualismo y consecuencias jurídicas en la actuación de la Iglesia y de los fieles en el mundo; 2.5. Derechos naturales y derechos humanos como punto de encuentro.

La cuestión jurídica que aquí se aborda se refiere a la dimensión civil de los derechos eclesiales de las personas y de las instituciones vinculadas a la Iglesia. A la tutela y promoción de estos derechos en la sociedad civil sirven las relaciones institucionales entre la Iglesia y los sujetos políticos a diversos niveles, llegando eventualmente a acuerdos. Pero el fondo de esta cuestión es primordialmente jurídico (su finalidad es resolver problemas prácticos en el ámbito de las relaciones de justicia) y solo secundariamente político, en la medida en que el bien común de la Iglesia y de la sociedad civil requiere la cooperación de las autoridades respectivas para llevar a la práctica el reconocimiento y la tutela de esos derechos.

Estas relaciones han experimentado una evolución histórica (primera parte) que durante mucho tiempo se centró en cuestiones institucionales y políticas. Pero el aspecto jurídico de estas relaciones no depende únicamente de los diversos sistemas de derecho. La enseñanza del Concilio Vaticano II nos invita hoy a desplazar nuestra atención hacia la persona humana y sus derechos en el ámbito religioso y a reflexionar sobre la noción de libertad religiosa y sus consecuencias jurídicas (segunda parte).

1. Una cuestión histórica sobre la distribución institucional de los poderes

1.1. *El dualismo cristiano*

La clave para comprender la visión cristiana de la sociedad reside en la dualidad entre el orden espiritual y el temporal. Jesucristo fundó su Iglesia con una dimensión jurídica intrínseca al propio misterio eclesial, con la existencia de verdaderos derechos atribuidos a toda persona humana (los bienes salvíficos de la palabra de Dios, los sacramentos, etc.). Por el contrario, se habla de monismo cuando una comunidad política integra una religión determinada y sus preceptos en el ordenamiento jurídico civil, con riesgo de confusión e instrumentalización. Esto ha caracterizado a las sociedades y culturas no cristianas y también al pueblo de Israel.

Por eso, la respuesta de Jesús en el diálogo con los enviados de los fariseos y de los herodianos es inédita y decisiva, porque rompe el vínculo jurídico entre religión y comunidad política: "Dad, pues, al César lo que es del César y a Dios lo que es de Dios" (cf. Mt 22, 21; Mc 12, 17; Lc 20, 25). De este modo, la dimensión jurídica propia de la comunidad cristiana deja de estar vinculada a un pueblo concreto para convertirse en verdaderamente trascendente y abrirse a la universalidad de la humanidad. Sin embargo, la implantación del dualismo cristiano en la historia es un proceso complejo y problemático.

1.2. *Relaciones con el Imperio Romano*

Durante los tres primeros siglos, el cristianismo fue rechazado por las autoridades del Imperio como ilegítimo y los cristianos fueron perseguidos, y fue precisamente en este contexto en el que San Pablo afirmó: "Sométase cada uno a las autoridades establecidas; porque no hay autoridad que no provenga de Dios, y las que hay han sido establecidas por Dios. Por tanto, quien se opone a la autoridad, se opone al orden establecido por Dios" (Rm 13, 1-2; cf. palabras similares de San Pedro: 1 Pe 2, 13). Otros pasajes de la Escritura añaden, por otra parte, que no se debe obediencia a las órdenes de la autoridad civil contrarias a la voluntad de Dios, porque "hay que obedecer a Dios antes que a los hombres" (Hch 5, 29), como atestiguan los mártires. El dualismo cristiano afirma, por tanto, la existencia de dos órdenes distintos y, precisamente porque el fundamento de la autoridad es trascendente, cesa si se opone a la ley de Dios.

La situación cambió con el Edicto de Milán del 313, en el que Constantino concedió "a los cristianos y a todos la libertad de poder profesar la religión que cada uno pretenda seguir", y decretó la restitución de los bienes confiscados durante las persecuciones. En el 380, la constitución *Cunctos populos* convierte al cristianismo en la religión oficial del Imperio, con importantes consecuencias administrativas y jurisdiccionales, al integrarse los organismos eclesiásticos en el aparato estatal. Los obispos reciben poderes jurisdiccionales no solo en el ámbito eclesiástico, sino también en el secular (*episcopalis audientia*). En el ámbito económico, con la exención fiscal a favor de los clérigos y de los bienes eclesiásticos, concedida por Constantino en el 321, la Iglesia aumentó considerablemente su patrimonio y se convirtió en la institución más dotada del Imperio, pudiendo construir nuevos lugares de culto, hospitales, orfanatos, etc.

La nueva situación planteó muchos problemas, como el *cesaropapismo*, es decir, la continua intervención del poder imperial en asuntos propiamente eclesiásticos. Los emperadores cristianos se atribuyeron, como antes, el papel de líderes religiosos: convocaban concilios, dirimían disputas dogmáticas, nombraban obispos. Por ejemplo, fue el emperador Constantino quien convocó el Concilio de Nicea en el 325, estuvo presente en las sesiones, dirigió los trabajos, todo ello en ausencia del papa Silvestre, que estuvo representado por dos simples presbíteros. En Occidente, el cesaropapismo cesó con la caída del Imperio en el 476, pero se mantuvo en el Imperio de Oriente hasta 1453 (caída de Constantinopla), con una mezcla de política y religión que sigue siendo uno de los problemas ecuménicos más complejos.

Frente a estos abusos, los pastores reaccionaron para defender la libertad eclesiástica y los pontífices romanos desempeñaron un papel destacado. El hecho mismo de que Roma no siguiera siendo la capital del Imperio Romano contribuyó sin duda a impedir la consolidación en Occidente del cesaropapismo que se impuso en Constantinopla. El papa Gelasio propuso quizá la formulación más clara del dualismo cristiano en una carta al emperador oriental Anastasio I en el 494: "Porque hay dos poderes (...) por los que se rige principalmente este mundo, la autoridad sagrada de los pontífices y el poder real". Debe haber obediencia mutua entre los poderes en sus respectivas esferas: el emperador está sujeto a la autoridad eclesiástica en asuntos religiosos, mientras que los sacerdotes deben obedecer las leyes del emperador en asuntos de orden público, "sabiendo que el imperio os ha sido dado por disposición divina".

1.3. *Dualismo cristiano y cristianidad medieval*

Tras la fragmentación política de los siglos V al VII, la coronación de Carlomagno en el año 800 en Roma inició el modelo de cristiandad medieval en el que el poder espiritual de los papas y el poder temporal de emperadores, reyes y otros señores, convergían en una realidad que, aun reconociendo la distinción de poderes, aparecía dotada de una profunda unidad dentro de una única sociedad o *respublica christiana*. No se trataba de un renacimiento del cesaropapismo oriental, sino de una integración o interpenetración de ambos poderes: el poder temporal asumía funciones al servicio de la Iglesia y al poder espiritual del Romano Pontífice se le atribuía cierto poder en lo temporal, incluso con el reparto de territorios en la península itálica: era el inicio de los Estados Pontificios, que durarían hasta 1870.

En la práctica, el equilibrio entre ambos poderes no era fácil de mantener y las injerencias mutuas eran numerosas en un sistema que seguía siendo esencialmente feudal. El hecho de que el Papa, pero también numerosos obispos y abades, acumularan la condición de señores territoriales hizo compleja la situación y se multiplicaron las intromisiones de los señores en la elección de obispos (la llamada querella de las investiduras entre el emperador y el Papa). La independencia de la Iglesia (*libertas Ecclesiae*) se restableció en parte gracias a las reformas eclesiásticas del siglo XI (cf. *Dictatus papae de* Gregorio VII de 1075), hasta la solución del "concordato" de Worms de 1122, que resolvió la cuestión de la investidura de los obispos elegidos separando claramente las tareas respectivas de ambos poderes.

En sentido contrario, en la Iglesia de los siglos XII y XIII se desarrolló una tendencia hierocrática que afirmaba la supremacía del poder sagrado sobre el profano (cf. la bula *Unam sanctam* de Bonifacio VIII en 1302), con dos variantes fundamentales. La primera es la teoría del poder directo de la Iglesia sobre los asuntos temporales, según la cual las autoridades civiles permanecerían jurídicamente subordinadas a la autoridad eclesiástica. La segunda es la teoría del poder indirecto sobre los asuntos temporales: la Iglesia intervendría *ratione peccati*, en razón del pecado para evitarlo o combatirlo. En otras palabras, los soberanos podrían ser excomulgados y sus leyes declaradas inválidas, los súbditos dispensados de su juramento de fidelidad a un poder que se habría vuelto ilegítimo. Además, el poder civil tendría que ponerse al servicio de la Iglesia, siendo su "brazo secular". Esta actitud fue radicalmente cuestionada en la Edad Media en el *Defensor pacis* (1324) de Marsilio de Padua, que llegó a negar todo poder jurisdiccional a la Iglesia.

1.4. *La Iglesia ante la reforma protestante y los Estados nacionales*

La formación de los estados nacionales en Europa redujo inevitablemente el espacio del poder eclesiástico en los asuntos seculares, mientras crecía la intervención de la autoridad estatal en los asuntos religiosos. La reforma protestante aceleró este proceso en los países que se habían pasado al protestantismo, atribuyendo competencias jurídicas en materia religiosa a los príncipes temporales. La Paz de Westfalia (1648) puso fin a las guerras de religión, pero creó un vínculo entre religión y soberano, según el sistema de confesionalidad ("*cuius regio eius religio*"), en el que el príncipe elige la religión oficial en su reino, con exclusión de otras.

En los Estados que permanecieron fieles a la Iglesia, cobró fuerza el fenómeno del jurisdiccionalismo (galicanismo en Francia, febronianismo en Alemania, josefinismo en Austria, leopoldismo en Toscana, regalismo en España y Portugal). Se trata de una versión renovada del cesaropapismo que interpreta ampliamente los poderes de los príncipes en materia eclesiástica, obtenidos sobre la base de antiguos o nuevos privilegios papales, o como contrapartida a la labor de defensa de la fe y evangelización de los territorios recién descubiertos. Entre los derechos reclamados por los soberanos temporales en el ámbito religioso figuraban los nombramientos eclesiásticos de obispos, el control de la ejecución de los documentos papales en su propia nación y la posibilidad de recurrir ante los tribunales civiles las sentencias de los tribunales eclesiásticos.

En respuesta, Roberto Belarmino (1542-1621) y Francisco Suárez (1548-1617) intentaron, sin mucho éxito en la práctica, restaurar la teoría del poder indirecto de la Iglesia, mostrando la superioridad jurídica del poder eclesiástico sobre el estatal. Sin embargo, la teoría del dualismo cristiano no desapareció durante este periodo. Dentro de la Iglesia, algunos insisten en la legítima autonomía de lo temporal y se oponen a las intrusiones eclesiásticas: Francisco de Vitoria (1492-1546), a propósito de los problemas jurídicos surgidos durante la conquista de América, por ejemplo, sienta las bases de un derecho internacional basado en el orden natural, distinguiéndolo del orden sobrenatural. La finalidad de la evangelización no justifica el sometimiento de los pueblos ni el desconocimiento de sus derechos.

1.5. *Liberalismo, laicismo, revoluciones y separaciones*

El periodo revolucionario que comenzó a finales del siglo XVIII trajo consigo importantes cambios en las relaciones entre la sociedad civil y las confesiones. La Ilustración racionalista inspiró la idea de un Estado liberal en el que la libertad de culto, sin privilegios, se entiende en el sentido de una separación del Estado y la Iglesia. La aplicación práctica de estas premisas siguió caminos muy diferentes. La revolución americana concibió una sociedad libre y abierta en la que cada cual pudiera practicar la religión elegida y garantizó esta libertad mediante una separación total pero respetuosa entre el Estado y los grupos religiosos. Por el contrario, la revolución francesa asocia a la Iglesia con la sociedad del *Ancien régime* y, por tanto, con la monarquía y la contrarrevolución. El concepto de libertad religiosa se interpreta en un sentido laicista y anticlerical, como una forma de excluir la religión de la vida social y de someter a la Iglesia al poder político. De hecho, se disolvieron las órdenes religiosas, se confiscaron los bienes de la Iglesia y se suprimieron las escuelas y otras obras católicas.

En el fondo, el planteamiento del liberalismo laicista niega a la Iglesia la existencia de un verdadero ordenamiento jurídico, de una verdadera soberanía o independencia en su ámbito, porque, si por un lado afirma teóricamente la libertad religiosa como derecho del individuo, por otro niega toda verdad objetiva en materia religiosa. La religión sería un asunto estrictamente privado, sin manifestación posible en la esfera pública. Por tanto, el mejor modelo político sería la separación entre Iglesia y Estado. Francia dio un famoso ejemplo de ello con la ley de separación de 1905 (aunque hay que tener en cuenta la jurisprudencia de los años siguientes, porque la separación francesa no es en realidad tan estricta).

En respuesta, los Romanos Pontífices condenaron no solo los excesos de las revoluciones, sino también las ideas liberales (*Syllabus* de 1864): el indiferentismo religioso que negaba la existencia de un orden moral objetivo y consagraba la libertad de los cultos, el Estado agnóstico que excluía la religión de la vida social, la secularización del matrimonio y de la escuela, el separatismo entre Estado e Iglesia traducido en leyes laicistas. A todo ello, la Iglesia opuso el modelo opuesto de la confesionalidad del Estado, junto con la doctrina del poder indirecto de la Iglesia sobre lo temporal. Estos aspectos constituyen las tesis más características de la disciplina denominada "Derecho Público Eclesiástico".

1.6. *La Iglesia en los siglos XX y XXI*

El siglo XX fue un periodo de grandes persecuciones de los cristianos por parte de ideologías materialistas y ateas (marxismo, nazismo, fascismo), que, aunque ideológicamente distantes entre sí, están vinculadas al pensamiento de la Ilustración y presentan una concepción totalitaria del Estado.

Otras amenazas caracterizan el comienzo del siglo XXI con la aplicación estricta del Corán en algunos países islámicos, que discriminan y persiguen a los cristianos, con un número de mártires que tiende a superar todos los precedentes históricos. Además, en Occidente, la descristianización ha tomado la forma de una "dictadura del relativismo" que afecta insidiosamente a los cristianos (en cuestiones de vida, familia, libertad religiosa).

Por otra parte, tras la pérdida de los Estados Pontificios en 1870 y la creación del Estado de la Ciudad del Vaticano en 1929 con los Pactos de Letrán entre la Santa Sede e Italia, la Iglesia se percibe cada vez más en su dimensión espiritual, cada vez menos vinculada al poder temporal, capaz de promover, más que otras instituciones, el bien común, los derechos humanos y la verdadera libertad humana. La figura del Romano Pontífice aparece ahora exclusivamente en su dimensión pastoral y espiritual, lo que sin duda ha fomentado la autoridad moral del papado a nivel mundial. Desde el punto de vista de las relaciones internacionales, la Iglesia, apoyándose en su experiencia bimilenaria y en la eficaz red de nunciaturas apostólicas en casi todos los países, ha entrado a formar parte de las instituciones internacionales. En la actualidad, la Santa Sede goza de reconocimiento como órgano representativo de la Iglesia universal, dotado de personalidad jurídica internacional, y está presente en organismos y conferencias internacionales.

1.7. *Los modelos actuales de relación Iglesia-comunidad política*

El panorama institucional actual debe describirse de manera particularizada, porque presenta una gran diversidad. La alternativa entre confesionalidad y separación Iglesia-Estado, como sinónimos respectivos de régimen a favor o en contra de la Iglesia, ha quedado totalmente desfasada. Ya no responde ni a la realidad política y sociológica (proporción de católicos, práctica religiosa real), ni a la realización efectiva de las condiciones que garantizan a la Iglesia una verdadera independencia y la posibilidad de que sus fieles practiquen o den testimonio de su fe en la esfera pública. De hecho, el derecho a la libertad religiosa se entiende no solo en relación con los individuos, sino también con referencia a las confesiones. Por lo tanto, si queremos clasificar las relaciones entre Iglesia y Estado, tenemos que entender cuál es el enfoque fundamental del Estado hacia la religión. Hoy en día se presentan dos grandes modelos, que corresponden esencialmente a la naturaleza del Estado.

El primer modelo es el de los Estados de derecho, dotados de una Constitución liberal según el modelo occidental, donde el Estado no reivindica una verdad trascendental particular y sigue generalmente una política de neutralidad frente a las religiones: igualdad de trato de las comunidades religiosas y derecho fundamental a la libertad religiosa, con algunos límites a la expresión vinculados al respeto del orden público. Las vicisitudes históricas han configurado más posibilidades: Iglesia de Estado (Inglaterra, Grecia), separación ("estricta" como en Francia o amistosa como en Estados Unidos), colaboración (Alemania, Austria, Italia). Pero fundamentalmente, aunque haya algunas diferencias, las relaciones entre la Iglesia y el Estado se basan en el respeto y en un cierto grado de colaboración a partir del reconocimiento de la diversidad mutua (en Francia se habla ahora de "laicidad positiva"). El instrumento del concordato está experimentando un nuevo florecimiento como herramienta útil y flexible para fomentar esta colaboración por el bien común. Se implanta así una visión realista de los temas sobre los que llegar a acuerdos entre la Iglesia como institución y la comunidad política (educación, hospitales, matrimonio, patrimonio, cultura).

El segundo modelo, en cambio, es el de los Estados "identitarios" que asumen una determinada verdad, religiosa o ideológica, como fundamento del orden constitucional o social y no siguen el principio de neutralidad. Podemos dividir estos Estados en dos categorías. En algunos Estados islámicos rige un modelo unitario: el Islam, que no conoce el dualismo, es a la vez religión y forma de sociedad, como demuestra la identificación de la ley civil con la ley religiosa (*sharia*). Por tanto, en estos países no existe una verdadera libertad religiosa: los fieles de otras religiones son discriminados o perseguidos, los ciudadanos no pueden cambiar de religión. Otros Estados no se identifican con una religión, sino con una ideología: es el caso de los países todavía sometidos al marxismo (China, Corea del Norte, Vietnam, Laos, Cuba...) donde la libertad religiosa, aunque pueda estar garantizada por la Constitución de manera puramente formal, está muy limitada en la práctica (represión, control por parte del Estado, infiltración ideológica de las Iglesias).

Tras una visión histórica centrada en las relaciones institucionales, entendidas como relaciones de poder, parece importante comprender la cuestión fundamental de las relaciones Iglesia-sociedad civil. El siglo XX inició quizá un punto de inflexión desde este punto de vista, sobre todo a partir del Concilio Vaticano II.

2. LA PROBLEMÁTICA ACTUAL DE LA JUSTICIA EN LAS RELACIONES ENTRE LA IGLESIA Y LA SOCIEDAD CIVIL

En el siglo XX, desde el punto de vista doctrinal, una lenta maduración de las ideas permitió comprender mejor las exigencias de la distinción entre el orden temporal y el espiritual, entre sociedad civil y sociedad eclesiástica, o incluso todo el tema de la autonomía personal de los fieles en las actividades seculares. Ha parecido oportuno centrar las reflexiones de esta parte en torno a la noción de libertad religiosa, que se ha convertido tanto a nivel institucional como jurisprudencial en un concepto clave para comprender desde un punto de vista jurídico la actuación de la Iglesia y de sus fieles en el mundo actual.

2.1. *La doctrina del Vaticano II sobre la libertad religiosa*

El tema de los derechos humanos, que a principios del siglo XX parecía propiedad ideológica del liberalismo laicista, ha sido asumido por el Magisterio de la Iglesia en su plena dimensión cristiana, revelando su estrecha relación con toda la verdad sobre el hombre y la sociedad, especialmente en las encíclicas de Juan XXIII, *Mater et Magistra* (1961) y *Pacem in terris* (1963) y durante el pontificado de Juan Pablo II.

En la declaración *Dignitatis humanae* (1965) del Vaticano II, el derecho a la libertad religiosa se describe como "la inmunidad de coacción en la sociedad civil (...) de modo que en materia religiosa nadie sea obligado a actuar contra su conciencia ni impedido, dentro de los debidos límites, a actuar conforme a su conciencia privada o públicamente, individualmente o asociado" (DH 2 a). Los "límites debidos" se refieren al orden público, necesario para proteger los derechos de todos, la paz y la moralidad pública. Además, la sociedad civil debe ir más allá de la mera tutela y está obligada a "crear condiciones favorables para la vida religiosa, de modo que los ciudadanos puedan realmente ejercer sus derechos religiosos y cumplir sus respectivos deberes, y la sociedad disfrute de los bienes de justicia y paz que provienen de la fidelidad de las personas a Dios y a su voluntad" (DH, 6 b).

La constitución pastoral *Gaudium et spes* sobre la Iglesia en el mundo contemporáneo (1965) retoma la visión dualista entre la Iglesia y la comunidad política, instituciones independientes y autónomas entre sí en su propio ámbito, pero no exige un reconocimiento civil privilegiado para la Iglesia. Si bien es cierto que la Iglesia necesita medios temporales, no pone sus expectativas en los privilegios civiles, sino que solo requiere la libertad para llevar a cabo su misión propia, incluido el derecho a enseñar su doctrina social y "a dar su juicio moral, incluso sobre las cosas que conciernen al orden político, cuando así lo exigen los derechos fundamentales de la persona y la salvación de las almas" (GS 76 e). De este modo, parecen haberse abandonado las concepciones de confesionalidad estatal o de poder indirecto.

Por último, hay otra distinción de gran importancia para el tema que nos ocupa: es la que existe entre "las acciones que los fieles, individualmente o en grupo, realizan en nombre propio, como ciudadanos, guiados por la conciencia cristiana, y las acciones que realizan en nombre de la Iglesia en comunión con sus pastores" (GS 76 a). La responsabilidad personal de cada cristiano de dar testimonio del mensaje evangélico en la sociedad también se subraya en el c. 227 del CIC, que advierte que los fieles "deben procurar que sus acciones estén animadas por el espíritu evangélico y prestar atención a la doctrina propuesta por el magisterio de la Iglesia, evitando presentar en cuestiones opinables sus propias tesis como doctrina de la Iglesia". Esto significa que cada cristiano es libre de apoyar cualquier opción temporal (política, económica...) que sea compatible con la fe y la moral; la jerarquía o los demás fieles no pueden imponerle determinadas opciones o estrategias.

2.2. *Libertad religiosa en la sociedad civil y religión verdadera*

El concilio propone, pues, un nuevo concepto de libertad religiosa y de su realización en la sociedad civil, pero ¿está en continuidad con el pasado? Nos encontramos ante un problema muy difícil de aclarar y, por tanto, todavía hoy confuso en ámbito católico. ¿Cómo armonizar este magisterio con la afirmación de Cristo como único Salvador, fundador de la única Iglesia? ¿Cómo explicar el paso de un enfoque que presentaba la confesionalidad católica del Estado como necesaria, y concebía la posición jurídica de las demás confesiones en términos de mera tolerancia, a una perspectiva en la que todas las religiones parecen situarse al mismo nivel? Por otra parte, la libertad religiosa se ha interpretado a veces en un sentido relativista, como una esfera de autonomía absoluta de los individuos y de los grupos, frente a la cual no sería posible ningún juicio objetivo de carácter moral o jurídico. Algunos autores extienden el derecho a la libertad religiosa dentro de la propia Iglesia, como un derecho de los fieles que les permitiría adoptar posturas contrarias al magisterio. Entonces, ¿qué significa "libertad religiosa" desde la perspectiva de la fe católica?

Una primera aclaración puede encontrarse, como de costumbre, en una distinción previa: la cuestión del derecho a la libertad religiosa, por su propia naturaleza, no es de índole exclusivamente moral, sino sobre todo jurídica, en la medida en que se refiere exclusivamente a las relaciones sociales entre las personas humanas (también entre la sociedad y los individuos) en el ámbito de la religión. No por tratarse de la religión, es decir, de la relación del hombre con Dios, la cuestión pierde su naturaleza jurídica: se trata solamente de los actos externos relacionados con la religión, ya que existe una relación intersubjetiva según justicia. Cuando se habla de un derecho de libertad religiosa, se refiere como objeto propio y exclusivo a la dimensión externa de la libertad del actuar humano en el campo religioso; no se trata de un derecho relativo a la religión misma.

Sin embargo, la distinción entre el plano moral y el jurídico no parece poder resolver una cuestión fundamental, que se encuentra precisamente en el vínculo entre el nivel interno de la misma Iglesia y su relación con el mundo, es decir, en el vínculo entre la verdad (la única Iglesia de Cristo subsiste en la Iglesia católica) y la libertad religiosa, que se refiere a cualquier religión. En efecto, si desde el punto de vista jurídico el Estado debe garantizar e incluso promover la libertad religiosa y crear condiciones favorables para el desarrollo de la vida religiosa de los ciudadanos, ello implica que otras religiones o comunidades cristianas no católicas, es decir, que no poseen la plenitud de la Revelación, también pueden ser promovidas por las autoridades civiles. Pero, ¿cómo podría basarse la justa libertad en el error en materia religiosa?

Evidentemente, la falsedad no es un bien jurídico y no se trata de caer en el relativismo o en el indiferentismo religioso. Sin embargo, la libertad ante la religión forma parte del mismo bien que la auténtica religiosidad humana, por lo que también debe protegerse el derecho de quienes no profesan ninguna religión. Por otra parte, el derecho natural de libertad religiosa no puede descansar ni en la verdad sobrenatural ni en su ausencia. El bien jurídico de índole natural debe poder ser captado en el plano natural. Y es en ese nivel en el que la actividad religiosa de los hombres, siempre que, por supuesto, no sea injusta en la medida en que atente contra los derechos de los individuos y de la sociedad, puede considerarse un bien a los efectos de la legítima tutela y promoción de la libertad religiosa en la sociedad. Estas reflexiones han de ponerse también en relación con la doctrina del Vaticano II sobre el ecumenismo (LG 15) y las otras religiones (LG 16). Estamos ante una de las cuestiones más importantes que el cristianismo ha abierto en el plano social y jurídico, inscrita en la noción misma de dualismo, concepto al que conviene volver ahora.

2.3. *Dos órdenes jurídicos distintos pero relacionados*

Cristo introdujo un nuevo orden jurídico, el de su Iglesia, pero no eliminó el orden jurídico humano, que sigue siendo relevante en las cuestiones que afectan a la dimensión social de la religión. Encontramos, por tanto, por una parte, los bienes jurídicos visibles de la salvación (la palabra de Dios, los sacramentos, la libertad eclesial y la potestad sagrada), que no son objeto de relaciones jurídicas civiles y solo se realizan en el ámbito eclesial. La tutela y promoción jurídica de estos bienes no es posible como tal en la sociedad civil, porque no todos son fieles de la Iglesia católica. En consecuencia, ni la participación de una persona en la vida eclesial ni su no participación pueden constituir un título para obtener ventajas jurídicas o un motivo para sufrir perjuicios jurídicos en la sociedad civil. En este sentido, el dualismo jurídico protege muy eficazmente la libertad y la autenticidad de la participación en la vida eclesial.

Al mismo tiempo, la difusión de estos bienes (palabra de Dios, sacramentos...), precisamente por ser también visibles, se ve facilitada por la existencia de otros bienes jurídicos que, en cambio, pertenecen a la esfera del derecho natural y, por tanto, al ámbito secular: la libertad de las personas y de las comunidades eclesiales, la promoción de los aspectos humanos (educativos, culturales, asistenciales, etc.) en relación con la acción de la Iglesia como institución, la tutela jurídica contra todo aquello que pueda ofender el específico sentimiento religioso de los católicos.

Además, el ejercicio del derecho de libertad religiosa se entrelaza con derechos fundamentales, como los relativos a la vida, la familia y la educación, en los que los fieles pueden invocar su derecho a la libertad religiosa para defender sus espacios de legítima iniciativa y autonomía en la sociedad civil, incluido el recurso a la objeción de conciencia, tanto personal como institucional, contra las normas injustas que menoscaban derechos fundamentales, entre ellos el de la libertad religiosa en el seguimiento de la propia fe religiosa.

Por último, las actividades religiosas de la Iglesia católica y de cualquier otra confesión pueden afectar a otros bienes naturales que pertenecen a la esfera jurídica secular: el respeto a la libertad y a la intimidad de las personas, la tutela de las características esenciales del matrimonio y de la familia, las exigencias jurídicas relacionadas con la comunicación social, etc. La distinción de los ámbitos no significa ausencia de colaboración, con vistas al bien común de toda la sociedad, especialmente en el ámbito de la protección de determinados bienes o personas, incluso mediante instrumentos de derecho penal. Sin embargo, esta colaboración no debe llevar a una confusión, como vemos hoy a menudo en materia de abusos relativos al sexto mandamiento.

2.4. *Dualismo y consecuencias jurídicas en la actuación de la Iglesia y de los fieles en el mundo*

El dualismo jurídico tiene consecuencias sobre la manera de entender la acción de la Iglesia en el mundo, las responsabilidades respectivas de la jerarquía y de los fieles en la evangelización, y la libertad de los fieles en el ámbito temporal.

En primer lugar, el dualismo jurídico permite defender y promover la independencia de la Iglesia y su universalidad y trascendencia respecto a toda nación y cultura. La distinción entre el orden espiritual y el orden temporal permite comprender mejor el servicio específico de la Iglesia a la sociedad y a todos los hombres, sin excluir a ninguno de ellos ni siquiera por motivos religiosos, ya que no presenta este servicio como la búsqueda de bienes meramente humanos. De este modo, la Iglesia puede ser vista por todas las personas de buena voluntad como un agente eficaz de paz y de unidad social, atrayéndolas así mucho más hacia la verdadera fe.

En segundo lugar, desde el punto de vista de la responsabilidad, dado que no existe ningún deber jurídico secular que concierna directamente a la fe cristiana, la confianza en la colaboración de las instituciones civiles en la obra de evangelización debe limitarse a los aspectos del derecho natural ya mencionados. Esto aumenta la responsabilidad de todos los fieles en la evangelización, porque llevar la luz de Cristo a todos los ambientes sociales y profesionales es principalmente su responsabilidad y no la de los pastores sagrados, y no se consigue mediante acuerdos institucionales de los Estados con la Iglesia, sino mediante el compromiso apostólico de cada uno, libremente asumido, sin necesidad de recibir ninguna misión apostólica de la jerarquía.

En tercer lugar, la incompetencia jurídica del Estado en materia eclesiástica va unida a la incompetencia de la Iglesia como institución para tratar los asuntos civiles. Por eso, el derecho de libertad de los fieles en el ámbito temporal, declarado por el c. 227 CIC en la estela de la doctrina conciliar (cf. GS, 43), es tan relevante desde el punto de vista eclesial. Este derecho representa el correlato intraeclesial del derecho a la libertad religiosa en la sociedad civil. La Iglesia y su orden jurídico específico trascienden la esfera temporal precisamente porque no implican soluciones unívocas a cuestiones jurídicas de naturaleza secular. Por tanto, no corresponde a la Iglesia institución intervenir directamente en cuestiones jurídicas de naturaleza no eclesial, también según las palabras del Señor: "En aquel tiempo, uno de la multitud dijo a Jesús: 'Maestro, dile a mi hermano que comparta conmigo la herencia". Pero él respondió: "Oh hombre, ¿quién me ha nombrado juez o mediador sobre vosotros?" (Lc 12, 13). Se trata de un asunto que compete a los propios ciudadanos y a las instituciones políticas y sociales legítimas de índole secular.

La dualidad constituye, por tanto, un estímulo eficaz para la responsabilidad y la iniciativa de los cristianos, como individuos o asociados entre sí (incluso con no cristianos que comparten los mismos objetivos legítimos en el plano natural). En las cuestiones temporales, junto a la más completa adhesión a la enseñanza moral natural de Cristo y de la Iglesia, para los católicos hay un amplio espacio para la variedad de posiciones e intereses legítimos, y para la diversidad de opiniones y opciones. Todo esto no debilita la unidad de la Iglesia y la eficacia de su apostolado; al contrario, las refuerza en la medida en que las sitúa en el plano trascendente que le es propio.

2.5. *Los derechos naturales y los derechos humanos como punto de encuentro*

El punto de referencia que la Iglesia adopta para sí en este diálogo jurídico con la sociedad civil se sitúa en el ámbito del derecho natural, cuya traducción moderna son los derechos humanos, concretamente el de libertad religiosa. Tras el Concilio Vaticano II, la Iglesia ya no se presenta como titular de derechos cuyo reconocimiento civil exigiría la aceptación de la fe católica por parte de las instituciones públicas seculares. Por el contrario, la Iglesia asume una visión del derecho que se fundamenta en el propio ser natural de la persona humana. Proponer una doctrina que se sitúa explícitamente en el plano natural, por tanto accesible a la razón humana, representa una plataforma de auténtico diálogo con la sociedad civil, un diálogo en el que la Iglesia apela a la capacidad humana de discernir lo que es justo en las relaciones interpersonales e institucionales.

Esto se entiende bien partiendo de una concepción objetiva del derecho, en la que el bien jurídico de la libertad religiosa se entiende como lo que es justo, es decir, lo que pertenece a un sujeto y le es debido por otro según una relación de justicia. El bien objeto del derecho de libertad religiosa no es otro que la propia religión, en cuanto que se manifiesta externamente y comporta una determinada relacionalidad social (existen requisitos externos para su ejercicio, como disponer de lugares y ministros de culto, publicaciones, etc.). Esta visión objetiva del derecho remite a su vez a la centralidad de la persona humana en el derecho. La relación entre la Iglesia y la comunidad política debe plantearse en términos de servicio a la persona, y el fundamento jurídico de este servicio se encuentra precisamente en los derechos de la persona, entre los que destaca el derecho de libertad religiosa.

Hablar hoy de derecho natural parece obsoleto e inaceptable en la doctrina jurídica. Sin embargo, los derechos humanos constituyen un patrimonio común que puede permitir la inculturación o la nueva recepción de la doctrina clásica y cristiana sobre los derechos naturales. El reconocimiento del derecho de libertad religiosa por parte de los Estados y de otros organismos supraestatales podría constituir un ejemplo de un punto de convergencia entre el derecho eclesiástico de los Estados, el derecho internacional y el derecho de la Iglesia. Al establecer relaciones entre órdenes diferentes, se trata de reconocer el carácter común del objeto real: las mismas relaciones en materia religiosa, en las que están implicadas la Iglesia y la comunidad política, están siempre al servicio de las mismas personas, que son al mismo tiempo fieles y ciudadanos. Si estas relaciones son susceptibles de soluciones justas, que deberán tener en cuenta no solo los elementos esenciales permanentes, sino también la gran diversidad de circunstancias, ello significa que es posible enfocarlas desde una óptica verdaderamente jurídica, es decir, desde una justicia objetiva que va más allá de la voluntad y del poder de los sujetos institucionales implicados.

ORIENTACIÓN BIBLIOGRÁFICA

R. BRAGUE, *Europa, la vía romana*, Gredos, Madrid 1995, 2005, especialmente el cap. 8 "La Iglesia romana"; C. J. ERRÁZURIZ M., *Curso fundamental sobre el derecho en la Iglesia*, I, Eunsa, Pamplona 2021; J.-P. SCHOUPPE, *Diritto dei rapporti tra Chiesa e comunità politica: profili docrinali e giuridici*, EDUSC, Roma 2018.

Sobre la libertad religiosa: SAN JOSEMARÍA ESCRIVÁ, *Amar el mundo apasionadamente*, Rialp, Madrid 2023.

LECCIÓN V

PRINCIPIOS JURÍDICOS CONSTITUCIONALES DE LA IGLESIA

RESUMEN: 1. *Persona y fiel. El principio de igualdad fundamental.* 2. *La diversidad funcional*; 2.1. Los fieles pertenecientes al orden sagrado; 2.2. Los fieles que siguen la vida consagrada. 3. *El principio jerárquico.*

En esta Lección examinaremos algunos principios constitucionales de la Iglesia que conllevan importantes consecuencias jurídicas. Para ello, hay que partir de la observación de la realidad de la Iglesia para comprender qué principios de justicia se derivan de su misma constitución (*canonista sine theologia nihil*). Una vez más vemos cómo la tarea del jurista es poner de relieve la dimensión jurídica (los derechos y deberes de justicia inherentes a las relaciones humanas) de la realidad; en nuestro caso se trata ante todo de estudiar la realidad del mismo Pueblo de Dios, no con el fin de profundizar en la esencia del misterio de la Iglesia, sino para identificar los derechos y deberes que emanan de la realidad eclesial.

1. PERSONA Y FIEL. EL PRINCIPIO DE IGUALDAD FUNDAMENTAL

Toda persona humana goza de una dignidad que la hace sujeto de derechos allí donde se encuentre. Toda persona humana que entra en relación con la Iglesia es titular de derechos que no se le pueden desconocer. Los no bautizados, aunque no pertenezcan a la Iglesia, y los cristianos no católicos, aunque no tengan plena comunión con la Iglesia católica, gozan de la condición jurídica propia de la persona humana que no perderían aunque entraran en relación con la Iglesia. Además, puesto que Jesucristo dio el mandato de predicar el Evangelio y bautizar a todos los pueblos, todos los hombres tienen derecho a recibir el bautismo y, por tanto, a incorporarse a la Iglesia. Además, los catecúmenos, los cónyuges y otros familiares no católicos de los fieles católicos pueden tener derechos y deberes hacia los demás católicos y hacia la Iglesia como institución.

> Por este motivo los canonistas han señalado la imperfección técnica de la redacción del canon 96, cuando afirma que por el bautismo el hombre se incorpora a la Iglesia y se constituye "persona" en ella. La redacción del citado canon es cuando menos ambigua: sería correcto interpretar que la persona humana por el bautismo está "en" la Iglesia, pero no se puede sostener que en o para la Iglesia los no bautizados no sean personas. Desde un punto de vista jurídico, hay que señalar que cuando se relacionan con la Iglesia, tienen la dignidad y los derechos derivados de su condición de persona humana (los derechos naturales) y los derechos que hayan podido adquirir.

En realidad, el hombre, que es persona antes del bautismo, mediante este sacramento es constituido "fiel". En efecto, el canon 204, inspirándose en la doctrina expuesta en la Constitución *Lumen Gentium* (nn. 9-17, 31, 34-36), afirma que los fieles (*christifideles)* son aquellos que, incorporados a la Iglesia por el bautismo, forman el Pueblo de Dios, participan del oficio (*munus)* profético, sacerdotal y real de Cristo y, por tanto, están llamados a ejercer la misión que la Iglesia tiene en el mundo.

Puesto que la causa de pertenencia al Pueblo de Dios y de participación en los *tria munera Christi* es el bautismo, todos los bautizados son *igualmente* miembros de la Iglesia y todos están *igualmente* llamados a ejercer la misión de la Iglesia en favor del mundo. Como miembros de la Iglesia, todos los bautizados son iguales. Este es el principio de igualdad fundamental, rico en consecuencias sobre en el ámbito jurídico.

De hecho, precisamente porque todos los fieles en cuanto fieles son iguales, todos tienen una dignidad común que les hace titulares de derechos y deberes, que son iguales para todos, independientemente de las circunstancias personales de cada fiel o de su función específica dentro de la Iglesia. Todos los *christifideles* tienen la misma fe, gozan de los mismos auxilios espirituales (sacramentos, palabra de Dios), por lo que todos los bautizados están igualmente llamados a la perfección de la vida cristiana (no solo a la salvación entendida en términos minimalistas) y al apostolado. Como miembros de la Iglesia, no hay clases de fieles.

> Esta doctrina, clara desde el principio y transmitida por la tradición cristiana (bastaría recordar las célebres palabras de San Agustín «vobis enim sum epis-copus, vobiscum sum christianus»), fue en realidad oscurecida durante siglos y recuperada con especial fuerza por el Concilio Vaticano II, en particular por la Constitución dogmática *Lumen gentium,* n. 32: «común es la dignidad de los miembros por su regeneración en Cristo, común es la gracia de los hijos»; «si, por tanto, en la Iglesia no todos caminan por la misma vía, sin embargo, todos están llamados a la santidad»; «aunque algunos por voluntad de Cristo son constituidos maestros, dispensadores de los misterios y pastores para otros, sin embargo hay verdadera igualdad entre todos en cuanto a la dignidad y acción común de todos los fieles para la edificación del cuerpo de Cristo».
>
> El canon 208, haciéndose eco de esta doctrina, proclama que "entre todos los fieles, en virtud de su regeneración en Cristo, subsiste una verdadera igualdad en dignidad y en acción, y por esta igualdad todos cooperan en la edificación del Cuerpo de Cristo, según su condición y las tareas propias de cada uno". De hecho, el último inciso del canon 208 ha sido criticado con razón por algunos canonistas (entre los que destaca Hervada) porque introduce un elemento de distinción que, aunque real, pertenece a un nivel distinto de la igualdad funda-mental de la que trata el canon.

2. LA DIVERSIDAD FUNCIONAL

Cada hombre tiene una vocación divina personal y única: Dios lo ha creado directamente porque tiene un designio preciso para su vida. Además, dentro de la Iglesia hay funciones institucionales que implican toda la vida de los fieles que las desempeñan.

2.1. *Los fieles pertenecientes al orden sagrado*

Ante todo, existe la función específica de administrar los bienes sal-víficos conferidos a la Iglesia (los sacramentos y la palabra de Dios), que

Jesucristo confió solo a los a los Apóstoles y a sus sucesores (los obispos) y a los colaboradores de estos (los presbíteros y, en otro grado, también los diáconos). Es, en definitiva, el *ordo* existente en la Iglesia, estructurado en tres grados (episcopado, presbiterado y diaconado) al que se accede a través de un sacramento.

Hay que recordar que todos los bautizados participan del sacerdocio de Cristo en cuanto pueden ofrecer sus obras como sacrificios espirituales, es más, pueden ofrecerse a sí mismos como víctimas agradables a Dios porque están espiritualmente unidos al sacrificio redentor de Cristo, alabando a Dios y dando testimonio de Cristo (cf. *Lumen gentium,* n. 10). Además de este sacerdocio común (es decir, el mismo para todos los bautizados), algunos fieles se identifican con Cristo Cabeza mediante el sacerdocio ministerial, de modo que hacen presente a Cristo cuando celebran algunos sacramentos y predican con autoridad la palabra de Dios: "aquellos que son constituidos en el orden del episcopado o del presbiterado reciben la misión y la facultad de actuar en la persona de Cristo Cabeza, mientras que los diáconos están habilitados para servir al Pueblo de Dios en la diaconía de la liturgia, de la palabra y de la caridad" (c. 1009 § 3). En otras palabras, los fieles que reciben el sacramento del Orden en uno de los dos primeros grados gozan del sacerdocio ministerial; los que reciben el diaconado son "ordenados" para prestar un servicio específico en la transmisión de la palabra y de la Eucaristía en ayuda del sacerdocio ministerial.

> «El sacerdocio común de los fieles y el sacerdocio ministerial o jerárquico, aunque difieren esencialmente y no solo en grado, están, sin embargo, ordenados entre sí; porque ambos, cada uno a su modo, participan del único sacerdocio de Cristo. El sacerdote ministerial, con la potestad sagrada de que está investido, forma y gobierna el pueblo sacerdotal, realiza el sacrificio eucarístico en la persona de Cristo y lo ofrece a Dios en nombre de todo el pueblo; los fieles, en virtud de su sacerdocio real, participan en la oblación de la Eucaristía, y ejercen su sacerdocio con la participación en los sacramentos, con la oración y la acción de gracias, con el testimonio de una vida santa, con la abnegación y la caridad activa» (*Lumen Gentium*, n. 10 b).

El sacerdocio ministerial confiere al fiel que lo ha recibido una dignidad sobrehumana, en el sentido de que, aun siendo un hombre y un fiel como los demás, tiene la capacidad de hacer presente al mismo Jesucristo. Sin embargo, este don no está destinado a su bien privado, sino que redunda en beneficio de la comunidad. El sacerdocio ministerial no aumenta el sacerdocio común, la capacidad de ser cristiano, de identificar la propia vida con la de Cristo, sino que otorga una nueva capacidad, la de hacer presente a Cristo en alguna acción en beneficio de los demás fieles. Puesto que el sacerdocio ministerial no está destinado solo a los que reciben este sacramento, sino que es una función social en beneficio de la comunidad, el hecho de que esté reservado solo a algunos hombres (con exclusión de todas las mujeres) no supone ningún agravio para nadie, ya que permanece inalterada la llamada a todos a participar de los beneficios salvíficos y a cumplir la misión propia de los *christifideles.*

"Por el sacramento del orden por institución divina, algunos fieles, por el carácter indeleble con que son marcados, son constituidos ministros sagrados; es decir, consagrados y destinados a servir, cada uno en su grado, con un título nuevo y especial, al Pueblo de Dios" (c. 1008). Los ministros sagrados son "consagrados" en el sentido de que están destinados a servir en el ejercicio del orden, pero la "consagración" clerical no comporta un abandono del mundo, ya que el sacerdocio ministerial consiste precisamente en ejercerlo en favor del mundo («ex hominibus assumptus, pro hominibus constitutus» (Hb 5, 1). En virtud de la ordenación, estos fieles deben atender sobre todo a los *negotia ecclesiastica*, aun cuando esto implique abandonar los *negotia saecularia* (pero no el mundo, donde han de ejercer el ministerio).

La condición clerical, además de otorgar la capacidad para ejercer el ministerio sagrado en el grado respectivo, comporta un estilo de vida y, por tanto, un estatuto personal en el fiel ordenado. Al ser ordenado para desempeñar una función social, el clérigo entra en una relación especial con la Iglesia, contrae deberes jurídicos específicos en relación con el ejercicio del ministerio (deber de recibir una formación adecuada para poder desempeñarlo, de someterse a las directrices emanadas de los responsables del servicio sacerdotal, de llevar una vida acorde con la función encomendada, y otros de este tipo), así como determinados derechos derivados de su posición de servicio en la Iglesia (derecho al propio sustento, derecho a recibir un encargo pastoral, etc.).

El estatuto jurídico del clérigo presupone el estatuto común a todos los fieles; lo determina, pero no lo sustituye ni lo cambia. El canon 207 § 1, proclama que "por institución divina, entre los fieles hay en la Iglesia ministros sagrados, que en el derecho se denominan también clérigos; los demás se denominan laicos". Esta bipartición funcional no afecta a la igualdad fundamental de los fieles. En la Iglesia, como ya se ha dicho, la idea de la igualdad fundamental de los fieles, aunque arraigada en la esencia misma de la Iglesia, ha sido de hecho un tanto eclipsada durante siglos, para subrayar que el sacerdocio ministerial es querido por Dios, que es distinto del sacerdocio común. Sin embargo, la existencia de una función específica y de un estatuto exclusivo del clérigo no desvirtúa lo afirmado anteriormente sobre la igualdad fundamental de los fieles. Concebir la presencia de los clérigos en términos de "clases" de fieles, como si los fieles, en cuanto miembros de la Iglesia, estuvieran divididos en dos categorías, clérigos y laicos, unos activos (dedicados a enseñar y santificar) y los otros pasivos, sería partir de una visión clerical y distorsionada del misterio de la Iglesia, que a su vez puede conducir a graves injusticias. La concepción clerical de la Iglesia deriva del hecho de tomar la parte (la dignidad del sacerdocio ministerial) como el todo del ser cristiano; el arte jurídico, en cambio, lleva a distinguir, a captar, incluso con las sutilezas que sean necesarias, las diferencias y semejanzas de la realidad, para poder atribuir a cada uno lo suyo.

> Una obra muy importante del siglo XII, el llamado Decreto de Graciano, citaba un texto de San Jerónimo según el cual «duo sunt genera christianorum» (C 12, q.1, c.7). En efecto, el texto de este Padre de la Iglesia podía interpretarse correctamente, pero a partir de la Edad Media se entendió en el sentido de que existen dos clases de cristianos en la Iglesia, favoreciendo así una visión clerical y relegando a los laicos a una posición residual y pasiva dentro del Pueblo de Dios.

2.2. *Los fieles que siguen la vida consagrada*

El parágrafo 2 del citado canon 207, que resume el contenido de los nn. 33 y 34 de la *Lumen gentium*, afirma que de los clérigos y de los laicos proceden los fieles que "por la profesión de los consejos evangélicos mediante votos u otros vínculos sagrados, reconocidos y sancionados por la Iglesia, se consagran a Dios según la manera peculiar que les es propia y contribuyen a la misión salvífica de la Iglesia; su estado, aunque no afecta a la estructura jerárquica de la Iglesia, pertenece, sin embargo, a la vida y santidad de la misma". Esta tripartición, según la cual se puede ser laico, clérigo o consagrado (habría que añadir clérigo consagrado), ya no tiene en cuenta tanto el *ordo* como la diversidad de funciones que pueden ejercer los fieles.

Según esta distinción, el laico ya no es el no ordenado (como aparece en el § 1 del canon 207), sino el que no es ni clérigo ni consagrado, es decir, según la acepción común de laico. Sin embargo, aunque el criterio negativo (ni clérigo ni laico) es el más claro para determinar este tipo de fieles, esto no significa que su función en la Iglesia sea negativa o residual, sino que, por el contrario, como afirma la *Lumen Gentium* n. 31, los laicos son los fieles que, por su propia vocación, buscan «el reino de Dios ocupándose de los asuntos temporales y ordenándolos según Dios».

Además de los laicos y clérigos, el canon 207 § 2, trata de los fieles "consagrados". "El estado de vida consagrada, por su misma naturaleza, no es ni clerical ni laical" (c. 588 § 1), ni deriva del principio constitucional jerárquico ni de la misma fundación de la Iglesia, y, sin embargo, es un desarrollo nacido en la historia de la Iglesia que manifiesta su santidad, es decir, es obra de la acción del Espíritu Santo en la vida de la Iglesia.

Se trata de una consagración especial («suo peculiare modo Deo consecrantur») con estas características: a) la consagración consiste esencialmente en la asunción de los consejos evangélicos; b) estos consejos deben profesarse mediante votos o, en todo caso, mediante otros vínculos sagrados pertenecientes a la virtud de la religión; c) la modalidad de la profesión debe ser reconocido por la Iglesia. Es necesario que se den las tres características simultáneamente para que se pueda hablar de vida consagrada canónica. La acumulación de las tres características, y en particular la última indicada, ponen de relieve el hecho de que los fieles consagrados desempeñan una función "pública" dentro de la Iglesia: se dedican con «un título nuevo y peculiar» a la edificación de la Iglesia y a la salvación del mundo, dando un testimonio escatológico "oficial" («preanuncian la gloria celestial») (c. 573 § 1).

Se puede hablar de "consagración" precisamente porque existe una dedicación oficial a una función pública específica dentro de la Iglesia. Y esta dedicación comporta la asunción de determinados deberes (su forma de vida debe ser conforme al testimonio que deben dar, deben asumir la disciplina propia de la modalidad de vida consagrada elegida, etc.) y la adquisición de derechos específicos (libertad para seguir la vida consagrada según la modalidad aprobada por la legítima autoridad de la Iglesia, derecho a recibir los medios de salvación sin abandonar su forma de vida, y muchos otros). En resumen, hay una vida consagrada en la Iglesia que tiene el calificativo de "canónica", en el sentido de que los fieles consagrados tienen un estatuto jurídico específico. Por supuesto, incluso en este caso, la existencia del estatuto canónico de las personas consagradas no desvirtúa el principio de igualdad de todos los fieles.

> Es muy importante captar la esencia de la vida canónica consagrada, porque de ella dependen muchos derechos y deberes de estos fieles. Hay una parte del estudio del derecho canónico dedicada a la vida consagrada: el estatuto personal de los fieles consagrados, su posición jurídica frente a su instituto, la disciplina interna de los institutos y las relaciones de las personas consagradas y de los institutos de vida consagrada con el resto de la Iglesia y, en particular, con la jerarquía. Se trata de tantas cuestiones interesantes y articuladas que el jurista debe resolver cuidadosamente, pero, de nuevo, no escudriñando textos normativos, sino teniendo en cuenta sobre todo la esencia de lo que está en juego, es decir, el sentido de la vida consagrada en la Iglesia.

En conclusión, conviene repetir que las distinciones dentro del estatuto común de los fieles no deben hacer perder de vista toda la riqueza de la condición teológica y canónica del bautizado. La diversidad funcional presupone y no anula la igualdad fundamental. La existencia de diferentes funciones y vocaciones dentro de la Iglesia no debe oscurecer la misión que cada fiel, por el hecho de haber recibido el bautismo, está llamado a cumplir. En resumen, la diversidad de funciones dentro de la Iglesia, con la correlativa diversidad de estatutos jurídicos, no contradice en absoluto el principio de igualdad fundamental, por lo que cualquier discusión sobre esta variedad de funciones y condiciones canónicas en términos comparativos de cantidad sería engañosa: el clérigo o consagrado no es *más* fiel, ni está *más* llamado a la santidad y a la edificación de la Iglesia que el laico; todos los fieles están igualmente llamados a la perfección cristiana, a ejercer el sacerdocio común, aunque cada uno lo haga desde su posición, según la vocación que ha recibido.

La variedad de vocaciones y misiones dentro de la Iglesia debe mostrar la belleza de la Iglesia universal, la riqueza de los carismas otorgados por el Espíritu Santo y, por tanto, debe conducir al respeto de todos los caminos reconocidos por la Iglesia. Este criterio puede tener consecuencias jurídicas precisas en lo que se refiere al respeto de los derechos de los fieles, especialmente los relativos a su elección de vida canónica.

3. EL PRINCIPIO JERÁRQUICO

Toda comunidad necesita ser gobernada, es decir, guiada, hacia su bien. Jesucristo dio a los Apóstoles el poder de gobernar la Iglesia («todo lo que atéis en la tierra quedará atado en el cielo, y todo lo que desatéis en la tierra quedará desatado en el cielo», Mt 18, 15); al darles la misión de transmitir la palabra de Dios y administrar los sacramentos, les dio también el poder de organizar y gobernar toda la administración de los bienes salvíficos. Por eso se dice que la Iglesia es de constitución jerárquica, en el sentido de que desde su fundación existe una Jerarquía, que enseña, santifica y gobierna la administración de los bienes salvíficos; la Iglesia no es democrática en su constitución (el poder no proviene del pueblo, aunque el pueblo puede participar en su ejercicio), sino jerárquica, en el sentido de que el poder de gobierno reside en una jerarquía constituida.

Puesto que el gobierno de una sociedad es la organización y conducción de la vida social para que pueda cumplir su finalidad, la función del gobierno en la Iglesia es conducir al Pueblo de Dios hacia la salvación, haciendo posible que cumpla la misión que Cristo le ha encomendado. El poder de gobierno no es otra cosa que la capacidad de realizar esta función. Esto significa que el poder de gobernar la Iglesia no es un poder de dominio privado, no está orientado a conseguir el bien personal de quien lo ejerce, ni es un ámbito en el que el titular de la potestad pueda decidir caprichosamente. Cualquier acción de gobierno desviada hacia fines privados o fruto del capricho, con independencia de la autoridad de la que emane, es un abuso de potestad, un *ab uso*, es decir, un ejercicio del poder fuera de la potestad, por lo que en sí mismo no genera el deber de justicia de seguirlo (salvo que su desobediencia cree un perjuicio más grave a la comunidad).

La potestad de gobierno fue conferida a los Apóstoles y a sus sucesores, es decir, a los obispos. Esta potestad puede ser delegada en favor de otros fieles que cooperan con los obispos en el gobierno eclesiástico; para algunas tareas en este ámbito no es necesario que los fieles pertenezcan al *ordo*.

Quienes tienen la misión y la potestad de gobernar son fieles que, como tales, son iguales a los demás fieles. El principio jerárquico en nada contradice el principio de igualdad fundamental. La misión de gobernar no hace a uno más miembro de la Iglesia.

Los fieles que pertenecen a la jerarquía tienen el mérito de poseer la capacidad de desempeñar una función en favor de la comunidad eclesial, y este mérito debe ser reconocido. En rigor, no es posible corresponder con igualdad al beneficio obtenido mediante el ejercicio de la potestad eclesiástica. Santo Tomás consideraba partes potenciales de la virtud de la justicia aquellas virtudes que llevan a dar a otro lo que es debido en los casos en que lo dado no es igual a lo debido (S. Th. II-II, q. 80). Entre estas virtudes, además de la religión (por la que el hombre da a Dios lo que le es debido, pero sin llegar nunca a la igualdad) y la piedad (la virtud hacia los padres), el Aquinate, siguiendo a Aristóteles, se refirió a la virtud de la obsequiosidad, por la que se reconoce la especial dignidad de ciertos hombres por diversas razones, entre las que se podría incluir la de tener la potestad de gobierno.

Actualmente, la virtud de la obsequiosidad no se comprende bien, sobre todo en Occidente. La propia palabra evoca inmediatamente la actitud de deferencia excesiva hacia otro, quizá por razones retorcidas, que a veces conduce a comportamientos bastante ridículos y humillantes para el que es "obsequioso". Pero tal actitud no es una virtud, sino un vicio por exceso, del mismo modo que también es un vicio, esta vez por defecto, negar el honor debido a otro: *in medio virtus*.

La revolución cultural de los años sesenta pretendía rechazar toda autoridad en favor de la libertad y la dignidad del individuo. Sin embargo, hay que señalar que, aparte del dato fáctico del reconocimiento concedido a otras "autoridades" (cantantes, deportistas y otras categorías creadoras de moda) por quienes pretenden rechazar toda autoridad, el reconocimiento de la dignidad especial del otro no quita nada a la propia dignidad. Que un fiel rinda pleitesía a una persona porque está constituida en autoridad no le quita la propia dignidad que posee como persona humana y como fiel en la Iglesia; al contrario, le añade la dignidad de una persona que sabe percibir los honores de los demás. Y, como ya se ha dicho, la especial dignidad debida a la misión de gobierno no contradice la igualdad fundamental que existe entre los hombres en cuanto hombres, ni la que existe entre los fieles en cuanto miembros de la Iglesia.

La manera de manifestar esta deferencia variará según las costumbres de los pueblos. La historicidad de las formalidades no desvirtúa en ningún caso la necesidad esencial del deber de honrar a la autoridad.

Dicho esto, también hay que señalar que existe el riesgo de que se haga un "mal uso" de este honor, manifestación de una mentalidad clerical. En la Iglesia, pues, es frecuente referirse a las personas con autoridad como "superiores". Ciertamente, existe una superioridad jerárquica: hay autoridades que tienen un rango "superior" a otras. En este sentido, el Papa es superior al obispo diocesano, y este al vicario general. Contra un acto del vicario se puede apelar a la autoridad superior, el obispo, y contra una decisión del obispo se puede apelar a la autoridad superior, el Papa. Pero la superioridad es siempre relativa a la función de gobierno. Los superiores (incluso los superiores eclesiásticos) no son superiores a los demás hombres en cuanto hombres, ni fieles superiores a los demás fieles en cuanto fieles. La superioridad se refiere exclusivamente a la función de gobierno. En cuanto fieles, las autoridades no tienen más derechos ni deberes que los demás fieles.

De ello se deduce que, aunque la obsequiosidad se refiere a quien goza de un honor especial, ello no quita que la autoridad (el "superior") deba honrar también la dignidad común de los demás. La autoridad, ya sea en el ejercicio de su función de gobierno o en otros ámbitos de la vida, debe respetar (de *respectus*, *re-spicere,* mirar con atención, tener consideración) a los fieles cuya guía le ha sido confiada. Por supuesto, la manifestación más importante de esta deferencia será el respeto de los derechos de los fieles.

ORIENTACIÓN BIBLIOGRÁFICA

Á. DEL PORTILLO, *Fieles y laicos en la Iglesia. Bases de sus respectivos estatutos jurídicos*, Eunsa, Pamplona 1969 (la obra reviste especial interés si se tiene en cuenta que la primera edición apareció en 1969, inmediatamente después del Concilio Vaticano II y mucho antes de la promulgación del Código de Derecho Canónico); M. DEL POZZO, *Lo statuto giuridico fondamentale del fedele*, Edusc, Roma 2018, pp. 17-42; C. J. ERRÁZURIZ M., *Curso fundamental sobre el derecho en la Iglesia*, I, Eunsa, Pamplona 2021, pp. 237-357; G. FELICIANI, *Il popolo di Dio*, il Mulino, Bolonia 1991, especialmente pp. 9-23; J. HERVADA, *Elementos de derecho constitucional canónico*, Eunsa, Pamplona 2014[3]; G. INCITTI, *Il popolo di Dio. La struttura giuridica fondamentale tra uguaglianza e diversità*, Urbaniana University Press, Città del Vaticano 2007, pp. 20-27 y 85-100 (este libro analiza diversos textos magisteriales y jurídicos sobre el tema).

LOS DERECHOS Y DEBERES FUNDAMENTALES DE LOS FIELES

RESUMEN: 1. *Existencia y características de los derechos y deberes fundamentales.* 2. *Análisis de los derechos fundamentales del fiel;* 2.1. Derechos humanos en la Iglesia; 2.2. Derechos relativos a los sacramentos; 2.3. Derechos relativos a la palabra de Dios; 2.4. Derechos relativos a la libertad de los fieles. 2.5. Derechos en relación a la jerarquía. 3. *Los deberes fundamentales.*

1. EXISTENCIA Y CARACTERÍSTICAS DE LOS DERECHOS FUNDAMENTALES

Al hablar del fundamento y existencia del derecho, se ha señalado que el propio ser de la persona –individuo *sui iuris*, inconfundible con otro, dueño de sí mismo y de sus actos, con capacidad de dominar su entorno, en relación con los demás de su especie y, por tanto, en relación de justicia con los otros– es el fundamento último de todo derecho. Hay, en efecto, ciertos bienes que pertenecen a la persona humana en virtud de su ser personal y que, por estar en posesión de otros, deben ser respetados por las demás personas: son los derechos fundamentales del hombre, que, por tener su fundamento próximo en la naturaleza humana, se denominan, precisamente, derechos fundamentales del hombre o derechos naturales humanos.

Naturalmente, estas exigencias primordiales de justicia existen en la Iglesia, ya que la gracia no anula la naturaleza y, por tanto, los hombres deben respetar las consecuencias de la naturaleza humana. Los derechos naturales del hombre existen, pues, en la Iglesia.

Además, el bautismo hace al hombre miembro del Pueblo de Dios, le atribuye una serie de bienes que también pueden estar en poder de otros y, por tanto, son bienes debidos en justicia. Estos bienes son los derechos fundamentales de los fieles.

Al hablar de los derechos fundamentales de los fieles, hay que distinguir entre los derechos de la persona humana y los derechos fundamentales de los bautizados. Los fieles poseen ambos tipos de derechos: uno por el hecho de ser personas y otro por el hecho de ser miembros de la Iglesia.

Los derechos fundamentales, tanto los derechos humanos como los derechos de los bautizados, son bienes considerados abstractamente. En realidad, estos derechos no existen de forma puramente fundamental, sino bajo una forma determinada por las circunstancias y por la acción humana. El derecho es en sí mismo un bien concreto, de hecho la tarea del jurista es indicar sus límites. En otras palabras, los derechos existentes en la vida siempre tendrán un fundamento, una base en los derechos fundamentales, y estarán determinados por las circunstancias y la libre actividad de los hombres.

> Los derechos que se pueden presentar son tantos como derechos. Si se considera el derecho de los fieles a recibir los sacramentos, se observa, como ya se ha explicado ampliamente, que los sacramentos fueron instituidos para los fieles y, por tanto, que los ministros tienen el deber jurídico de administrarlos. Sin embargo, es obvio que no todos los fieles tienen derecho a recibir todos los sacramentos de todos los ministros. Será la legislación emanada por la autoridad eclesiástica competente y las circunstancias las que determinen qué sacramento debe administrar un determinado ministro, a qué fieles y en qué condiciones; el fiel concreto solo podrá afirmar que un determinado sacramento es un *suum* y que un determinado ministro se lo debe si existen títulos que determinen la relación jurídica entre un determinado ministro y el fiel. Es tarea del jurista, además, delimitar las fronteras de los derechos concretos: qué sacramento, en qué momento y lugar, por qué ministro, entendiéndose que el fundamento es, precisamente, el derecho fundamental de los fieles a recibir los medios salvíficos de la Iglesia y que las determinaciones humanas deben respetar este principio fundamental.

Los derechos fundamentales de los fieles tienen ciertas características, como la de universalidad (en el sentido de que son bienes que pertenecen a "todos" los fieles) y la de permanencia (estos derechos no perecen por mucho que cambien las circunstancias, ya que son bienes inherentes a la condición de fiel).

2. ANÁLISIS DE LOS DERECHOS FUNDAMENTALES DE LOS FIELES

Desde finales del siglo XVIII, los Estados y algunos organismos internacionales han emitido diversas declaraciones de derechos con el fin de proteger de algún modo los derechos fundamentales de las personas humanas. El legislador canónico lo hizo por primera vez en el actual Código promulgado en 1983 (cann. 208 a 223), tomando prestados algunos cánones inicialmente previstos para la proyectada *Lex Ecclesiae Fundamentalis* (una especie de constitución eclesiástica hipotizada por San Pablo VI, nunca promulgada, y finalmente integrada en el propio Código de Derecho Canónico). La declaración legal de estos derechos ayuda a tenerlos presentes en la práctica jurídica, a identificarlos y, por tanto, a tutelarlos, aunque se trata de una norma de carácter declarativo, ya que la existencia de estos derechos, como ya se ha señalado, no depende de su inclusión en un texto legal.

La formulación de qué bienes pertenecen a las personas humanas y a los fieles puede, por supuesto, variar y ser perfectible. Será tarea de la ciencia jurídica servirse de tales formulaciones para tratar de determinar mejor el contenido de los bienes en cuestión.

Siendo esta la primera vez que una norma canónica recoge los derechos fundamentales de los fieles, no es de extrañar que el estudio posterior del texto haya llevado a descubrir ciertas deficiencias. Sobre todo hay que tener en cuenta que algunos de los deberes recogidos en los cánones correspondientes son solo de carácter moral, es decir, se refieren a la conducta personal del individuo, sin que se correspondan con los derechos de terceros o de la comunidad. Además, es posible identificar algún derecho no recogido expresamente en el texto normativo.

A la hora de enumerar los derechos fundamentales pueden hacerse distintas clasificaciones, dependiendo del criterio de ordenación que se quiera seguir. Una posibilidad es distinguir entre los derechos humanos y los derechos de los fieles, entendiendo que muchos derechos de los fieles son la proyección de los derechos humanos en el ámbito sobrenatural (por ejemplo, así como el hombre tiene derecho a asociarse con otros para realizar actividades libres, también los fieles tienen este derecho para realizar actividades propias de los fines eclesiales). En el ámbito de los derechos de los fieles, estos pueden distinguirse según los tipos de bienes a los que se refieren. En el siguiente análisis seguiremos este esquema: derechos humanos en la Iglesia; derechos relativos a los bienes salvíficos, distinguiendo los relativos a los sacramentos y los relativos a la palabra de Dios; derechos relativos a la libertad de los fieles; otros derechos en relación a la jerarquía eclesiástica.

2.1. *Derechos humanos en la Iglesia*

La persona humana conserva su naturaleza en la Iglesia y, por tanto, goza de todos los derechos humanos también dentro del Pueblo de Dios. Algunos de ellos son especialmente relevantes en la vida de la Iglesia; en estas páginas se hará referencia solo a dos de ellos, ya que tienen una especial importancia en la vida de la Iglesia: el derecho a la intimidad y el derecho a la fama, ambos proclamados en el canon 220 de forma negativa, es decir, a través de la prohibición de lesionar estos bienes ("a nadie le es lícito lesionar ilegítimamente la buena fama de que alguien goza, ni violar el derecho de cada persona a proteger su propia intimidad").

El hombre es un ser relacional que vive en comunidad con los demás. La opinión de los demás sobre una persona es un bien valioso de esa persona para su vida en comunidad, que debe ser respetado, es decir, es una *res iusta*. La fama, es decir, la opinión que los demás tienen de una persona no puede ser negativa, salvo por razones fundadas.

La fama de quienes desempeñan un rol público es especialmente importante. En la Iglesia, la autoridad moral tiene un peso especial y, por tanto, la fama de quienes desempeñan un papel eclesial público debe tutelarse especialmente. La sospecha, el peligro social e incluso las sanciones deben tratarse sin dañar ilegítimamente la fama de las personas.

En el ámbito penal, esta presunción tiene una enorme importancia. Una denuncia, que crea sospechas legítimas, puede legitimar medidas cautelares para frenar la posible peligrosidad, pero evitando dañar la fama de la persona que, mientras no se dicte sentencia en contrario, se presume inocente. Y una eventual condena debe tener la publicidad estrictamente necesaria para permitir la reinserción social del delincuente; el linchamiento público puede ser una pena desproporcionada y a veces llevada a cabo por un espíritu de venganza ajeno a los fines que debe tener cualquier pena (remoción del escándalo y corrección del delincuente), especialmente en la Iglesia.

Puesto que la personalidad se refleja también en los entes morales y en las instituciones, también ellos son sujetos del derecho a la fama, ya que su fama afecta a quienes son miembros de ellos. En la vida de la Iglesia, es especialmente importante cuidar de evitar cualquier actitud superficial en esta materia, que puede causar a las personas un daño difícilmente reparable.

Estrechamente relacionado con el bien de la fama está el de la intimidad. La intimidad se refiere al ámbito interior del hombre, a lo que concierne a la identidad de la persona. Por tanto, el derecho a la intimidad afecta directamente a la dignidad de la persona. Aunque a veces se confunde la intimidad con la vida privada, en sentido estricto son dos bienes jurídicos distintos.

Por supuesto, para que la intimidad sea jurídicamente relevante, la interioridad personal debe haberse exteriorizado de alguna forma, de modo que pueda ser objeto de relaciones interpersonales. El derecho a la intimidad adquiere un significado especial en la Iglesia, ya que precisamente en la Iglesia los fieles suelen estar interesados en revelar su intimidad a otro para disfrutar del correspondiente bien espiritual. Tales revelaciones deben, por tanto, ser protegidas para que puedan efectivamente tener lugar, pero siempre de forma totalmente voluntaria y con la garantía de que no serán difundidas ilegítimamente.

Como ya se ha dicho, ambos derechos, a la fama y a la intimidad, están muy relacionados, relación que se concreta en el derecho al secreto respecto a la esfera de la intimidad revelada (incluso cuando se trate de aspectos positivos de la persona). El alcance de la obligación de secreto dependerá del contenido y las circunstancias de la transmisión de la noticia sometida a secreto.

Además de la disciplina sobre los diversos tipos de secretos –el más importante de los cuales es ciertamente el relativo al sacramento de la Penitencia–, la Iglesia ha creado a lo largo de la historia normas encaminadas a proteger la libertad de revelación de la propia intimidad, especialmente en ámbitos de la vida eclesial en los que dicha libertad podría estar más en peligro, incluso de modo a veces sutil, como el de la vida consagrada o el de los candidatos al sacerdocio. Aunque se trata de normas puramente canónicas, relativas a situaciones específicamente eclesiales, los bienes en juego pertenecen a las personas en cuanto hombres. La delimitación exacta de los derechos en estas situaciones constituye una de las cuestiones más delicadas que los canonistas están llamados a resolver.

En el ámbito de la vida consagrada, la revelación de la propia intimidad puede ser una práctica en consonancia con el método de vida espiritual libremente elegido por el fiel. Sin embargo, es necesario distinguir el deber moral del consagrado de revelar su intimidad del deber jurídico, correspondiente a un derecho del instituto, de conocer la intimidad de uno de sus miembros para salvaguardar la disciplina de la entidad. En cualquier caso, es importante salvaguardar la intimidad de los fieles que, por las circunstancias en las que viven (tal vez en un ambiente restringido y controlado) y por el deber de obediencia al que están sometidos (que, sin embargo, no elimina los bienes de la personalidad), pueden estar en peligro.

Por lo que se refiere a los candidatos al sacerdocio, se debe favorecer la necesidad que tienen de revelar su intimidad para recibir la ayuda y la asistencia espiritual oportunas en el discernimiento de su vocación, al mismo tiempo que se tutela el bien de su intimidad. El derecho de la autoridad a conocer a los candidatos para tomar la decisión de llamarlos o no a las sagradas órdenes se refiere solo a la esfera externa de los candidatos, sin perjuicio de la libertad del candidato de someter al juicio de la autoridad cualquier dificultad interna. El deber moral del candidato de tener la prudencia de consultar a quienes pueden darle una opinión fundada sobre su elección vocacional puede ser muy grave, pero no existe el deber jurídico de abrir la propia intimidad.

En el caso concreto de que la autoridad competente tenga dudas fundadas sobre la normalidad psíquica de un candidato (y solo en este caso), tiene derecho a suspender su juicio sobre la idoneidad hasta conocer la opinión de un especialista en la materia. En ese caso, el candidato debe optar por abandonar el itinerario profesional o someterse a un examen psicológico o psiquiátrico.

2.2. *Derechos relativos a los sacramentos*

Entre los principios de justicia que fundamentan la posición de los fieles en la Iglesia, destaca ciertamente el derecho del bautizado a recibir de los ministros competentes los bienes salvíficos de los que la Iglesia es depositaria. El Código de Derecho Canónico (c. 213) declara, en efecto, que "los fieles tienen derecho a recibir de los Pastores sagrados la ayuda de los bienes espirituales de la Iglesia principalmente la palabra de Dios y los sacramentos".

Por lo que se refiere al derecho a recibir los sacramentos, ya se ha explicado, siguiendo el pensamiento de Javier Hervada, cómo la institución de los sacramentos, además de canalizar materialmente la gracia en signos materiales o símbolos, comporta la constitución de derechos atribuidos a los fieles. Por supuesto, la propia naturaleza de cada sacramento determina su dimensión jurídica, hasta el punto de que, en el caso concreto del sacramento del Orden, no constituye un derecho de los fieles (porque no está destinado a la perfección personal del bautizado, sino al desempeño de una función pública).

La potestad de administrar los sacramentos implica la capacidad de organizar esa administración. Corresponde, por tanto, a la Jerarquía dar las normas que regulen el modo de celebrar los sacramentos, los requisitos de los ministros y de los fieles que los reciben, las relaciones entre ambos y otros muchos detalles. Estas normas deben ser racionales, es decir, adecuadas a la realidad que regulan, es decir, en armonía con la naturaleza y finalidad de cada sacramento y proporcionadas a las circunstancias.

Por tanto, una norma que hiciera innecesariamente imposible o difícil la recepción de un sacramento debería considerarse irracional y, por tanto, sin valor normativo, porque no "ordenaría", sino que, por el contrario, introduciría un desorden. Además, la disciplina sobre los sacramentos debe buscar que se facilite su recepción. De hecho, el citado canon procede casi literalmente del n. 37 de la *Lumen Gentium*, que explicitaba que los fieles tienen derecho a recibir los bienes espirituales de la Iglesia «abundanter», adverbio que, aunque omitido en la fórmula codificadora, conserva sin embargo su valor interpretativo a la hora de captar la disciplina del Código.

Además, hay que señalar que si los fieles, como afirma el canon 210, han de esforzarse por llevar una vida santa, es una necesidad que los Pastores les proporcionen los auxilios espirituales necesarios para ello.

Al mismo tiempo, sería irracional que un fiel pretendiera recibir un sacramento sin las debidas disposiciones externas o en tiempos o lugares totalmente inopurtunos: en esas circunstancias, el sacramento no le pertenece. Actualmente, se ha planteado con especial fuerza el problema de la recepción de los sacramentos por parte de quienes llevan una vida *externa* o tienen una conducta externa notoria contraria a la enseñanza del Evangelio. En realidad, el fiel que con su conducta manifiesta que no está preparado para recibir un determinado sacramento, no puede decirse que tal sacramento le pertenezca. Precisamente porque no es posible juzgar la conciencia de las personas, los ministros deben atenerse a la exterioridad de los comportamientos y, por tanto, como administradores de bienes que solo deben proporcionarse en determinadas condiciones objetivas, tienen el deber jurídico de no administrar los sacramentos a los fieles que se encuentren en circunstancias contrarias a su legítima recepción. Por supuesto, la caridad pastoral llevará a los pastores a no limitarse a la mera negación, sino, por el contrario, a acompañar a estos fieles para que se encuentren en las circunstancias de poder recibir normalmente los sacramentos.

Una parte del estudio del derecho canónico, que es precisamente la relativa a la administración de los sacramentos, se construye sobre los principios jurídicos antes señalados.

Relacionado con el derecho a los sacramentos, pero no restringido a su recepción, existe el derecho a dar culto a Dios según el propio rito aprobado por la autoridad legítima (c. 214). Además de la protección del "propio rito", este principio jurídico implica que la acción litúrgica definida por la autoridad competente es un bien que pertenece a los fieles, de modo que la creatividad litúrgica del ministro más allá de las rúbricas o en contra de ellas no solo constituiría una infracción de la disciplina, sino que sería sobre todo una violación de los derechos de los fieles: la pretendida espontaneidad pastoral y la reivindicación de libertad (del ministro) en la celebración litúrgica supondrían en realidad un injusto clericalismo abusivo.

2.3. *Derechos relativos a la palabra de Dios*

Más allá de los sacramentos, la Iglesia está destinada a predicar el Evangelio, a transmitir la palabra recibida, que ilumina la vida de los hombres. En efecto, el mandato de Cristo de predicar constituye el derecho de los fieles a recibir el bien salvífico de la palabra de Dios. La revelación de Cristo se traduce en palabras humanas que son *res iustae* pertenecientes a los fieles. Este derecho está reconocido de manera genérica en el canon 213. Corresponde a la Jerarquía organizarse para satisfacer este derecho (regulando la actividad catequética, preparando la predicación, los cursos, etc.). A la luz de este principio jurídico, es evidente la injusticia cometida por el ministro que, durante la transmisión de la palabra de Dios, en lugar de cumplir con su deber, conculca los derechos de los fieles hablando de otros temas o dando su opinión contraria a la verdad revelada.

En esta línea de argumentación, teniendo en cuenta que el Señor ha dotado a su Iglesia de poder magisterial, se puede seguir determinando el derecho a recibir la palabra de Dios afirmando que los fieles tienen derecho a recibir el Magisterio auténtico de la Iglesia, del que los predicadores y maestros son "ministros", administradores pero no dueños del contenido a transmitir: la libertad de los ministros no incluye el poder de disponibilidad sobre el contenido del que son meros administradores.

El canon 217 afirma que, puesto que los fieles, en virtud del bautismo, están llamados a llevar una vida conforme al Evangelio, "tienen derecho a una educación cristiana por la que se les instruya convenientemente en orden a conseguir la madurez de la persona humana y al mismo tiempo conocer y vivir el misterio de la salvación". En la formulación de este canon se puede distinguir entre el derecho humano a la educación (a "conseguir la madurez de la persona humana") y el derecho de los fieles a la educación cristiana (a "conocer y vivir el misterio de la salvación"). Los titulares del deber jurídico de "dar" este derecho son, respecto al derecho humano a la educación, los padres y quienes actúan en su nombre, y, respecto al derecho de los fieles a la educación cristiana, también los padres (que deben transmitir la fe a sus hijos) y la Jerarquía, que debe transmitir la palabra de modo progresivo y pedagógico, para que los fieles no solo conozcan la revelación, sino que crezcan según el Evangelio.

Puesto que la recepción de la palabra de Dios es un derecho de los fieles, también lo es la posibilidad de profundizar en el depósito de la Revelación mediante el estudio. Por tanto, los estudios teológicos están abiertos a todos los fieles. Además, "uienes se dedican a las ciencias sagradas gozan de una justa libertad para investigar, así como para manifestar prudentemente su opinión sobre todo aquello en lo que son peritos, guardando la debida sumisión al magisterio de la Iglesia" (c. 218).

2.4. *Derechos relativos a la libertad de los fieles*

La condición libre de la persona humana se conserva en el Pueblo de Dios y se manifiesta también en relación con los bienes y las actividades de la Iglesia.

Sobre todo, el ámbito de libertad de la acción humana que no afecta a la vida de la Iglesia debe ser inmune a cualquier injerencia. En este sentido, el derecho de todos los fieles a la libertad en las realidades temporales puede formularse de tal manera que no sea legítima ninguna injerencia de la autoridad eclesiástica en este terreno. La Jerarquía no puede ("no tiene potestad para") mandar en aspectos temporales que se dejan a la libre opinión de los hombres, pues ello sería salirse de su misión y, por tanto, de su potestad; un mandato de la autoridad eclesiástica en materia económica, política, científica, etc., sería nulo de pleno derecho, por considerarse como si no fuese dado.

El canon 227 afirma que "los fieles laicos tienen derecho a que se les reconozca en los asuntos terrenos aquella libertad que compete a todos los ciudadanos". Los laicos son los fieles que más a menudo deben hacer uso de esta libertad, pero en realidad este derecho no es específico de ellos, sino que pertenece a todos los fieles (Hervada), por las razones apuntadas.

El mismo canon advierte que en el ejercicio de esta libertad hay que procurar que las acciones estén animadas por el espíritu evangélico, atendiendo a la doctrina propuesta por el Magisterio. La disposición se hace eco de la doctrina ya expuesta en *Lumen Gentium*, 36, según la cual en las cosas temporales los fieles "deben guiarse por la conciencia cristiana, ya que ninguna actividad humana, ni siquiera en las cuestiones temporales, puede sustraerse al dominio de Dios". Este es el punto delicado que el jurista debe tener en cuenta: corresponde al Magisterio pronunciarse sobre los aspectos doctrinales y morales de las actividades humanas, de modo que los fieles están obligados a seguir sus enseñanzas, mientras que es completamente incompetente en lo que se refiere a la dimensión temporal de tales actividades y cualquier intervención en este campo es un abuso carente de todo valor vinculante en el plano jurídico.

Por último, aunque todas las actividades humanas deben seguir las enseñanzas cristianas, el citado canon 227 prohíbe presentar las propias opiniones sobre asuntos temporales como doctrina de la Iglesia, ya que ello constituiría un abuso que privaría de la libertad de opinar de forma distinta. Esta prohibición se aplica naturalmente a todos, incluso cuando tales opiniones son expresadas por eclesiásticos investidos de autoridad.

La libertad de los fieles se manifiesta también en el ámbito puramente eclesial. En este sentido, debe afirmarse el derecho de los fieles, por otra parte obvio, a elegir la propia condición de vida (c. 219) y, por tanto, a incorporarse o no al orden sagrado (si se les llama), a la vida consagrada o al estado matrimonial. Como es fácil comprender, este bien debe ser protegido especialmente en determinadas circunstancias, como, por ejemplo, cuando los fieles atraviesan un período de discernimiento vocacional.

Es frecuente que la norma canónica establezca un período de tiempo, normalmente bastante largo, antes de que los fieles puedan asumir determinados compromisos vocacionales. Este período sirve para conocer al candidato y así aceptarlo en la institución en cuestión, pero también es útil para garantizar la libertad del interesado, de modo que tenga la posibilidad de retirarse del camino propuesto si así lo desea.

La libertad se manifiesta también en el ámbito específico que concierne precisamente al disfrute de los bienes salvíficos. El Código reconoce expresamente el derecho "a practicar su propia forma de vida espiritual, siempre que sea conforme con la doctrina de la Iglesia" (c. 214). Como en otros asuntos, aquí es importante distinguir prudentemente en la práctica entre lo que puede ser un consejo espiritual apropiado y una presión indebida para hacer que los fieles sigan un método espiritual distinto del que prefieren. En cualquier caso, corresponde a la autoridad eclesiástica juzgar si un determinado método de vida espiritual se ajusta o no a la doctrina de la Iglesia.

La libertad de elegir el propio estado de vida y la propia espiritualidad debe respetarse también al nivel institucional de los entes concretos, de modo que su estatuto jurídico y, por tanto, su disciplina canónica reflejen la elección de sus miembros.

En esta línea de libertad, también se ha señalado el derecho de todos los fieles a elegir cómo acceder a los medios de salvación (Errázuriz). Si bien se trata de un derecho no formalizado expresamente por la ley eclesiástica, puede fácilmente inferirse de la condición de libertad de los fieles y del carácter ministerial (de servicio) de la organización pastoral. Además, algunas disposiciones normativas (como, por ejemplo, la posibilidad de cumplir los preceptos dominicales y pascuales en cualquier lugar) presuponen el respeto de este derecho. Es deber jurídico de la Jerarquía organizarse para satisfacer el derecho de los fieles a acceder a los medios de salvación, respetando la libertad de la que ahora hablamos.

> No es de extrañar, sin embargo, que haya actitudes celosas tendentes a asegurar el "éxito pastoral" en una determinada unidad pastoral, que lleven a coartar la libertad de los fieles. Precisamente porque existe este riesgo, derivado de la naturaleza caída del hombre, es necesario tener presente el derecho del que estamos hablando, para evitar cualquier abuso clerical en esta materia.

El derecho humano a asociarse con otros para conseguir juntos fines difíciles o imposibles de alcanzar en solitario está también presente en el Pueblo de Dios. Forma parte de la naturaleza humana comunicarse con otros y actuar juntos para realizar actividades, y esta característica humana no desaparece cuando se trata de actividades de caridad o de piedad: "los fieles tienen derecho a fundar y dirigir libremente asociaciones para fines de caridad o piedad, o para fomentar la vocación cristiana en el mundo; y también a reunirse para procurar en común esos mismos fines" (c. 215). Se trata de un derecho de libertad (se tiene derecho a asociarse y a no asociarse), que incluye la posibilidad de adherirse a asociaciones preexistentes, así como de fundar otras nuevas (y por tanto redactar los estatutos de la asociación).

La vida de una entidad asociativa puede generar muchas relaciones jurídicas en el seno de la Iglesia, por la relevancia social de las actividades asociativas, su atención pastoral, la gestión del patrimonio de la entidad asociativa, etc. Sobre todo, se plantean muchas cuestiones relativas a la relación entre la asociación y la Jerarquía, para cuya solución hay que considerar, por un lado, el derecho fundamental de asociación y, por tanto, la autonomía de la entidad asociativa, y por otro, las competencias de la autoridad eclesiástica relativas al juicio de conformidad con la doctrina cristiana de los fines y actividades asociativas y al gobierno de las conductas con relevancia social. Existe, por tanto, una parte de la ciencia canónica que se ocupa del estudio de la dimensión jurídica de las asociaciones en la Iglesia.

El citado canon 215, a la proclamación del derecho de asociación en la Iglesia, añade el de reunión. Por razones análogas al derecho de asociarse para la realización de determinadas actividades, existe en la Iglesia, en efecto, el bien que pertenece a todos los fieles de reunirse (sin formar, por tanto, una entidad estable) sobre asuntos relacionados con los fines de la Iglesia.

La libertad de los bautizados les lleva a realizar libremente su vida cristiana, que incluye naturalmente la difusión del mensaje evangélico: "Todos los fieles, puesto que participan en la misión de la Iglesia, tienen derecho a promover y sostener la acción apostólica también con sus propias iniciativas, cada uno según su estado y condición" (c. 216). No se trata solo de actividades o iniciativas, sino de difundir el mensaje cristiano con el testimonio de la propia vida, así como con el anuncio explícito. El canon 211 establece que "los fieles tienen el deber y el derecho de trabajar para que el mensaje divino de salvación alcance más y más a los hombres de todo tiempo y del orbe entero". Puesto que no se encuentra ningún derecho de otro al anuncio por parte de cada fiel individual, es legítimo concluir que el deber del que trata este canon es solo de naturaleza moral, no jurídica, cuya proclamación refuerza la declaración del derecho a anunciar el Evangelio, ya que se trataría también del derecho a cumplir un deber moral.

El anuncio del Evangelio supone iluminar las conciencias de los oyentes con la verdad cristiana, que es un mensaje gozoso pero exigente al mismo tiempo. El anuncio debe ser solo eso, anuncio, y nunca coacción a abrazarlo, aunque la sola transmisión puede suponer una sacudida a la conciencia del oyente. El anuncio de la verdad salvífica, por incómodo que resulte, es un derecho del que gozan todos los fieles, y nunca es una violación de la conciencia ajena; al contrario, es una ayuda para escuchar mejor su voz. Por el contrario, sería un abuso de conciencia engañar sobre cuestiones morales, sobre todo si se hace aprovechando una posición de autoridad.

2.5. *Derechos en relación a la jerarquía*

El gobierno es necesario para que cualquier comunidad alcance su bien común de forma ordenada. Jesucristo dotó a su Iglesia de una Jerarquía con la misión de ejercer la necesaria función de gobierno. Por lo tanto, los miembros del Pueblo de Dios tienen derecho a ser gobernados. De la observación de este derecho se deduce fácilmente que el derecho se extiende no solo al gobierno, ni solo al gobierno justo, sino también al recto o buen gobierno. En efecto, la actividad de gobierno exige saber realizarla, es decir, tener el arte –el saber hacer– de la "política", de saber conducir a la comunidad hacia su bien (en este contexto, el término *gobierno* se utiliza en un sentido muy amplio, incluyendo también la función legislativa y judicial). Aunque no existe ninguna norma eclesiástica que reconozca explícitamente este derecho, la doctrina canónica ha llamado recientemente la atención sobre este bien jurídico, que incluye el derecho a tener gobernantes idóneos y a recibir actos de gobierno realizados con el arte humano necesario para alcanzar el fin propuesto. La ley eclesiástica trata de hacer efectivo y concreto este derecho mediante la previsión de ciertos requisitos para el desempeño de determinados oficios (por ejemplo, poseer determinadas titulaciones académicas) o sobre el modo a seguir en la producción de los actos de gobierno (por ejemplo, exigiendo escuchar el consejo de determinadas personas u órganos, u obtener previamente determinada información).

Directamente derivado del derecho al gobierno existe concretamente el derecho de petición, es decir, de solicitar a la autoridad pública algo de su competencia, la cual, por tanto, tiene el deber jurídico, no de conceder lo solicitado, sino de responder razonablemente a la petición: "los fieles tienen derecho a manifestar a los Pastores de la Iglesia sus necesidades, principalmente las espirituales, y sus deseos" (c. 212 § 2). La legislación canónica vigente tutela este derecho regulando el llamado "silencio administrativo", es decir, imponiendo a las autoridades administrativas la obligación de proveer en el plazo de tres meses siempre que la ley exija dictar un decreto o el interesado proponga legítimamente una petición; transcurrido este plazo, se presume la respuesta negativa, lo que ofrece al interesado la posibilidad de recurrir a la autoridad superior, sin perjuicio del deber de la autoridad de proveer y de responder de los posibles daños causados por el silencio (c. 57).

Además del derecho a recurrir a las autoridades administrativas, los fieles tienen derecho a recibir la función de gobierno en el ámbito judicial, es decir, tienen derecho a recibir tutela judicial de sus derechos (c. 221 § 1) y a conocer el juicio de la Iglesia sobre un *dubium iuris*. Este derecho incluye el derecho a un "proceso justo", es decir, a ser juzgado por el juez competente (también imparcial), respetando el derecho de defensa en el litigio procesal (que incluye la posibilidad de aportar pruebas, disfrutar de una instancia posterior, estar en igualdad de condiciones en el juicio y muchos otros requisitos). La ley procesal debe basarse en estos principios jurídicos, de modo que el derecho a un proceso justo se materialice en el derecho a un proceso que respete la ley procesal (c. 221 § 2).

El canon 221 citado, en su § 3, establece que "los fieles tienen el derecho a no ser sancionados con penas canónicas, si no es conforme a la norma legal". Es el llamado "principio de legalidad penal". En efecto, no parece que sea un bien inherente a la condición del hombre o del fiel el no ser castigado si no existe una ley penal previa; el derecho sería más bien el de no ser castigado injustamente, es decir, sin haber cometido alguna acción antijurídica merecedora de sanción penal, o el de no recibir un castigo desproporcionado o sin un proceso justo. Sin embargo, el principio de legalidad penal está íntimamente relacionado con el buen gobierno: es lógico que el gobierno proteja ciertos bienes con castigos y que los gobernados conozcan cuáles son esos castigos, sobre todo para evitar el riesgo de arbitrariedad o incertidumbre en la imposición de las penas, riesgo que es de especial gravedad en este ámbito, por lo que la inexistencia del principio de legalidad penal podría fácilmente socavar el derecho al buen gobierno. Más allá de su existencia o inexistencia como derecho fundamental, el principio de legalidad penal se convierte en derecho si es la propia ley la que lo establece. En el caso del derecho canónico, la situación es confusa a este respecto, ya que el canon 221 § 3 contiene la afirmación citada, pero el mismo Código, en el canon 1399, establece que "aparte de los casos establecidos en esta u otras leyes, la infracción externa de una ley divina o canónica solo puede ser castigada con una pena ciertamente justa cuando así lo requiere la especial gravedad de la infracción y urge la necesidad de prevenir o de reparar escándalos".

Además de los derechos señalados que se refieren directamente a la actividad de gobierno de la autoridad, se podrían identificar otros derivados del hecho de que los bautizados son miembros de pleno derecho de la Iglesia. En consecuencia, los fieles, además del derecho a desarrollar privadamente –como individuos o en asociación con otros– la potencialidad bautismal, tienen también la capacidad de participar en la dimensión institucional de la vida de la Iglesia, que puede concretarse en el derecho a manifestar su conocimiento o pensamiento (c. 212 § 3) y a ser informados de la vida de la Iglesia. Se plantea, pues, la compleja cuestión de la información como bien jurídico.

No es fácil establecer *a priori* qué información se debe a los fieles, ni cuál no se debe dar. Por lo que se refiere a la libertad de expresión, la redacción del canon 212 § 3 puede ofrecer varias pistas. Esta norma afirma: "Tienen el derecho, y a veces incluso el deber, en razón de su propio conocimiento, competencia y prestigio, de manifestar a los Pastores sagrados su opinión sobre aquello que pertenece al bien de la Iglesia y de manifestar a los demás fieles, salvando siempre la integridad de la fe y de las costumbres, la reverencia hacia los Pastores y habida cuenta de la utilidad común y de la dignidad de las personas". La libertad de expresión, que en todo caso debe tener un fundamento suficiente, se refiere tanto a los Pastores como a la opinión pública ("los demás fieles"). La integridad de la fe y de las costumbres es una limitación absoluta e intrínseca del bien de la libertad de expresión. El respeto debido a los pastores y a la dignidad de las personas (su fama) es también un límite que debe valorarse a la luz de la necesidad de la comunicación que debe darse, teniendo en cuenta, precisamente, la utilidad común.

En cuanto al derecho a ser informados, se refiere a los asuntos que interesan a la propia persona (por ejemplo, recibir información sobre la marcha de las investigaciones de un delito del que es víctima, o recibir cuenta de un donativo realizado para un fin concreto), así como a aquellos asuntos de la vida de la Iglesia que pertenecen a los fieles como miembros de la misma. Respecto a estos últimos, además de identificarlos (lo que puede no ser fácil), es importante delimitarlos con precisión, teniendo en cuenta la utilidad común y la fama de las personas.

> Corresponde al canonista, jurista de la Iglesia, determinar con exactitud los contornos precisos del derecho de comunicación. Desde un punto de vista jurídico, no es posible asumir un principio vago de "transparencia", que además es fácil de manipular, sino que es necesario determinar con precisión qué noticias pertenecen a los distintos sujetos.
>
> Por ejemplo, en el ámbito del gobierno, se puede tener derecho a conocer las decisiones de un determinado organismo y sus razones, ya que determinan la vida de la Iglesia, mientras que no se puede tener derecho a conocer los debates que condujeron a esas decisiones, entre otras cosas porque podría poner en peligro la libertad del organismo y de sus miembros.
>
> Más importante aún es definir claramente el derecho a la información en el ámbito penal. Ciertamente existe el derecho de las víctimas a conocer el resultado de los procesos, el derecho de los fieles a saber cómo se administra la justicia en la Iglesia, pero no se debe dañar innecesariamente la fama de nadie y, sobre todo, la de la persona que aún no ha recibido una condena.

3. LOS DEBERES FUNDAMENTALES

El fiel, siendo miembro de la Iglesia, tiene ante todo el deber fundamental de respetar los derechos fundamentales de los otros bautizados. La misma condición de miembro de la Iglesia significa que el cristiano está vinculado por la obligación de mantener la comunión con la Iglesia (c. 209 § 1), que es una comunión en la misma fe y sacramentos y que tiene una dimensión fraterna y jerárquica.

Puesto que están obligados a conservar la comunión de la fe, y Jesucristo ha concedido una potestad de magisterio a la Jerarquía, los fieles están obligados a mantener la debida obediencia al Magisterio (cc. 218 y 212 § 1). La autoridad competente puede determinar este deber prohibiendo la enseñanza de una determinada doctrina, exigiendo licencia para publicar escritos teológicos y otras disposiciones semejantes.

Dado que el gobierno es necesario para la comunidad, las decisiones emitidas por la autoridad competente pueden ser constitutivas de derechos (en manos de la comunidad o de fieles concretos) y, por tanto, generar los correspondientes deberes jurídicos. En otras palabras, los fieles, como miembros del Pueblo de Dios, tienen el deber jurídico de obedecer a la autoridad eclesiástica competente (c. 212 § 1). En la Iglesia, la propia autoridad de gobierno tiene también una función magisterial, por lo que no es infrecuente que la autoridad recuerde deberes morales junto con normas jurídicas y disposiciones de gobirerno, sin que por ello se constituyan nuevos derechos y, por tanto, sin que el deber moral se convierta también en jurídico, aunque su obligación moral se vea reforzada por el recordatorio autoritativo. Corresponde al jurista identificar el posible derecho (del individuo o de la comunidad) para declarar la juridicidad del deber o, por el contrario, para afirmar su naturaleza meramente moral, como se ha hecho en esta Lección a propósito del deber moral de llevar una vida santa proclamado en el canon 210. En cualquier caso, el deber jurídico de obediencia concierne naturalmente solo a los mandatos legítimos, que son los que pueden constituir nuevos derechos y deberes. Además, no está de más recordar aquí lo que se ha dicho sobre la igualdad fundamental de los fieles (Lección V), que no se ve disminuida por el hecho de que exista la función de gobierno.

Por último, la condición de miembros de la Iglesia hace que sus necesidades sean responsabilidad de todos los miembros, de ahí el deber jurídico de todos los fieles, proclamado en el canon 222 § 1, de "ayudar a la Iglesia en sus necesidades, de modo que disponga de lo necesario para el culto divino, las obras de apostolado y de caridad y el conveniente sustento de los ministros". Naturalmente, respecto a este deber, que es común a todos los fieles ya que el fundamento es el mismo para todos, se ha de aplicar el principio de igualdad proporcional, es decir, su concreción dependerá de las posibilidades económicas de cada uno y de otras circunstancias. Además, este deber está íntimamente relacionado con el de obediencia a la Jerarquía, por lo que se concretará en las disposiciones que sobre esta materia dicten las autoridades competentes. Se trata, de hecho, de un deber de "justicia legal", es decir, del tipo de deberes que el miembro de una comunidad tiene para con la propia comunidad, que suelen estar determinados por la ley.

Al fin y al cabo, los deberes "fundamentales", al igual que los derechos fundamentales, deben concretarse y sus títulos especificarse mediante las determinaciones humanas y las circunstancias.

Orientación bibliográfica

M. del Pozzo, *Lo statuto giuridico fondamentale del fedele*, EDUSC, Roma 2018, pp. 73-244; C. J. Errázuriz M., *Curso fundamental sobre el derecho en la Iglesia*, I, Eunsa, Pamplona 2021; J. Hervada, *Elementos de derecho constitucional canónico*, Eunsa, Pamplona 2014³; G. Incitti, *Il popolo di Dio. La struttura giuridica fondamentale tra uguaglianza e diversità*, Urbaniana University Press, Ciudad del Vaticano, 2007, pp. 63-83.
También puede ser útil una lectura atenta de los cánones 208 a 223, así como de los diversos comentarios publicados sobre estos cánones.

LECCIÓN VII

DIMENSIÓN JURÍDICA DEL FENÓMENO ASOCIATIVO EN LA IGLESIA

RESUMEN: 1. *Las asociaciones en la Iglesia*; 1.1. Derecho de asociación y naturaleza de las realidades asociativas en la Iglesia; 1.2. Dimensión pública del fenómeno asociativo en la Iglesia; 1.3. Variedad y sistemática del fenómeno asociativo; 1.4. Autonomía y relaciones con la autoridad eclesiástica. 2. *Algunos problemas relacionados con el derecho de asociación*; 2.1. Inclusión de nuevos movimientos en la "asociación de fieles"; 2.1. El derecho de asociación; 2.2. Implicación personal de los miembros; 2.3. La relación entre orden sagrado y realidades asociativas; 2.4. Presencia conjunta de hombres y mujeres, matrimonios y familias; 2.5. Dimensión ecuménica e interreligiosa de las realidades asociativas; 2.6. La relación entre realidades asociativas eclesiales y animación cristiana de lo temporal. 3. A *modo de conclusión: ¿en qué consiste la dimensión jurídica de las realidades asociativas en la Iglesia?*

Entre los derechos fundamentales de los fieles en la Iglesia figura la libertad de asociarse con otros. Esta Lección analiza las cuestiones jurídicas relativas a la naturaleza pública y jurídica del fenómeno asociativo en la Iglesia, su autonomía y sus relaciones con la autoridad jerárquica, el gobierno y la pastoral de las asociaciones. La dimensión jurídica de las asociaciones se extiende también a las relaciones entre la propia asociación y sus miembros.

1. Las asociaciones en la Iglesia

1.1. *Derecho de asociación y naturaleza de las realidades asociativas en la Iglesia*

Una asociación es una entidad moral (colectiva o transpersonal), cuya existencia, actividad, finalidad, así como la forma concreta de su organización y poder de gobierno, dependen de la voluntad de unión de sus miembros. En la Iglesia, las asociaciones de fieles surgen para alcanzar objetivos relacionados con la posición y la misión eclesial de los fieles. El fenómeno asociativo en la Iglesia deriva de la naturaleza social del hombre, así como del carácter social del Pueblo de Dios (Vaticano II, decr. *Apostolicam actuositatem*, n. 18). La sociabilidad de los fieles se manifiesta en su corresponsabilidad en la corresponsabilidad para alcanzar los fines derivados de la condición de bautizados.

El fundamento jurídico del fenómeno asociativo en la Iglesia se encuentra en el derecho de asociación (c. 215), que garantiza su expresión y precisa sus límites. El derecho de asociación comporta, sbore todo, la libertad de fundar en la Iglesia asociaciones "para fines de caridad o piedad, o para fomentar la vocación cristiana en el mundo". Implica también el derecho de gobernar estas asociaciones según lo establecido en el acto constitutivo y en los estatutos; así como la libertad de adherirse a las ya existentes (privadas o públicas), en armonía con el derecho de admisión propio de las asociaciones.

El derecho de asociación responde a una libertad fundamental de los fieles, es decir, existe el derecho a asociarse y el derecho a no ser obligado a asociarse. El elemento voluntario es esencial en el momento de la incorporación o de la separación de la asociación. En realidad, no es la presencia del elemento voluntario en el momento de la constitución lo que caracteriza la naturaleza asociativa de una entidad (porque la voluntariedad puede estar presente en entidades de otro tipo), sino el hecho de que este elemento es *estructurante* de la entidad, ya que determina su constitución, su finalidad, su actividad y su gobierno.

Por supuesto, hay que recordar que la voluntad de los socios está a menudo ligada a un carisma específico, reconocido como don de Dios para el bien de la Iglesia y que determina las características esenciales de la asociación. La actividad de fundación y continuidad en los fines comunes se presenta, por tanto, como una respuesta fiel a un carisma fundacional. Hay que pensar en todo el fenómeno de la vida consagrada en la Iglesia, que es inherente precisamente al ámbito asociativo, desarrollando un carisma fundacional. Sin embargo, este patrimonio carismático no se encuentra en todas las realidades asociativas y, por tanto, no puede considerarse como una característica esencial de la naturaleza de las asociaciones.

Un aspecto que puede ayudar a comprender la naturaleza de una asociación en la Iglesia se encuentra paradójicamente en los propios límites del derecho de asociación, que distinguen a las asociaciones de las comunidades jerárquicas. En efecto, la actividad de una realidad asociativa, así como su finalidad, no pueden ir más allá de la esfera de competencia de los miembros individuales. En otras palabras, las funciones propias de la autoridad eclesiástica quedan fuera del ámbito de la autonomía privada de los fieles. Los fines asociativos serán, por tanto, adecuados a la finalidad de la Iglesia, pero no a su misión como institución jerárquica consistente en dispensar los medios salvíficos.

Este último criterio constituye la diferencia esencial entre las instituciones eclesiásticas de naturaleza jerárquica y las realidades asociativas en la Iglesia. Ambas trascienden a las personas individuales que las componen y poseen un carácter institucional estable, pero las primeras participan de la subjetividad de la propia Iglesia como institución, mientras que las asociaciones surgen de la voluntad de los fieles que se unen. En otras palabras, una comunidad jerárquica participa de la misma misión de la Iglesia de distribuir los bienes salvíficos (la palabra de Dios y los sacramentos). En cambio, el vínculo asociativo está constituido por la unión voluntaria de los fieles para realizar obras relacionadas con la misión de la Iglesia, pero que no consisten en una participación en la misma misión como institución. Por ejemplo, no es posible asociarse para ejercer el ministerio sacerdotal, ya que es de naturaleza jerárquica y corresponde a la autoridad regular su ejercicio.

1.2. *Dimensión pública del fenómeno asociativo en la Iglesia*

Las asociaciones privadas de fieles (cc. 321-326) constituyen el ámbito de aplicación más directa de este derecho. Nacidas y estructuradas por la voluntad de sus miembros, las realidades asociativas no permanecen, sin embargo, meramente "privadas", sino que están plenamente integradas en la Iglesia y contribuyen a la vida y al bien común eclesial. Dado que una entidad transpersonal actúa dentro de la Iglesia para llevar a cabo determinadas obras relacionadas precisamente con la misión de la Iglesia, se producen tantos efectos en la esfera pública que se requiere la intervención de la autoridad jurisdiccional. Además, así como los fieles considerados individualmente tienen el derecho fundamental a recibir medios salvíficos de sus pastores, también cuando se unen en asociaciones para conseguir un fin relacionado con el de la Iglesia tienen derecho a ser sostenidos espiritualmente en esas iniciativas, lo que implica una cierta presencia de la acción jerárquica de la Iglesia en la vida de la asociación. Por tanto, sin perjuicio del derecho fundamental de asociación, "todas las asociaciones de fieles están sometidas a la vigilancia de la autoridad eclesiástica competente" (c. 305 § 1).

Además, la autoridad eclesiástica puede permitir que la actividad se desarrolle en un ámbito público: es el caso de las asociaciones públicas (cc. 301, 312-320). Para comprender la naturaleza de estas asociaciones, es necesario considerar la capacidad de los fieles de participar en la vida institucional de la Iglesia regida por la autoridad jerárquica; del mismo modo que pueden hacerlo individualmente, también pueden participar de forma asociada, siempre que estén bajo la autoridad competente. El hecho de que sea la misma autoridad la que permita que se promueva el culto público o que se imparta enseñanza en nombre de la Iglesia, o incluso que sea la propia Jerarquía la que inicie la asociación, no desvirtúa el carácter asociativo de la entidad, pues los fieles se adhieren a ella para realizar una actividad común, concretada en el pacto asociativo, que forma parte de la capacidad propia de los fieles para participar, si son llamados por la autoridad competente, en las actividades institucionales de la Iglesia, aunque la autonomía privada esté limitada por la necesaria orientación de la autoridad competente.

El máximo grado de publicidad del fenómeno asociativo en la Iglesia se manifiesta en los institutos de vida consagrada (estudiados en detalle en la Lección dedicada a ella). Se trata de entidades con función pública, pero no jerárquica, en la Iglesia, cuya calificación como institutos de vida consagrada comporta el reconocimiento por parte de la Iglesia como entidades en las que se puede alcanzar la perfección de la caridad con un nuevo título, que une de modo especial a los fieles consagrados a la Iglesia y a su misterio (c. 517 § 2).

1.3. *Variedad y sistemática del fenómeno asociativo*

Existe una gran variedad de fines asociativos: "Existen en la Iglesia asociaciones distintas de los institutos de vida consagrada y de las sociedades de vida apostólica, en las que los fieles, clérigos o laicos, o clérigos junto con laicos, trabajando unidos, buscan fomentar una vida más perfecta, promover el culto público, o la doctrina cristiana, o realizar otras actividades de apostolado, a saber, iniciativas para la evangelización, el ejercicio de obras de piedad o de caridad y la animación con espíritu cristiano del orden temporal" (c. 298 § 1).

Si se quiere esbozar una clasificación elemental de las asociaciones de fieles, se pueden utilizar distintos criterios:

En función de la relación con la Iglesia como institución, se distingue entre asociaciones *públicas* y *privadas*. Esta distinción constituye el criterio de la sistemática actual del Código. Las asociaciones privadas surgen del acuerdo privado de los fieles con fines eclesiásticos no reservados a la autoridad jurisdiccional. Las asociaciones públicas, en cambio, proceden de la erección realizada por la autoridad eclesiástica, bien porque sus fines están reservados por su naturaleza a la propia autoridad jerárquica (enseñanza de la doctrina cristiana en nombre de la Iglesia o incremento del culto público, c. 301 § 1), bien para otros fines espirituales que no han sido suficientemente provistos mediante la iniciativa privada (c. 301 § 2).

Según los fieles que pertenecen a ella (c. 298 § 1), se distingue entre asociaciones *comunes* (formadas indistintamente por clérigos y laicos), *de laicos* (cc. 327 ss.) y *de clérigos* (c. 278).

Según su ámbito de actuación (que determina la competencia de las distintas autoridades): asociaciones *universales, internacionales, nacionales o diocesanas.* Por regla general, para las asociaciones universales o internacionales es competente la Santa Sede; para las nacionales, la Conferencia Episcopal, y para las diocesanas, el obispo diocesano (c. 312). Normalmente, las asociaciones privadas son reconocidas primero en el ámbito diocesano, y cuando adquieren el desarrollo necesario pueden pasar a ser nacionales y finalmente internacionales.

El Código menciona también dos tipos particulares de asociaciones: asociaciones *clericales* (c. 302) y las *terceras órdenes.* Estas últimas se caracterizan porque sus miembros viven en el mundo según el espíritu de un instituto religioso, se dedican al apostolado y buscan la perfección cristiana bajo la alta dirección del mismo instituto (c. 303; cf. cc. 311; 312 § 2; 317 § 2; 320 § 2; 328).

1.4. *Autonomía y relaciones con la autoridad eclesiástica*

La actividad de las asociaciones debe desarrollarse en plena comunión con la Iglesia representada por la autoridad jerárquica y, por su parte, esta debe respetar su legítima autonomía y libertad, como verdadero bien jurídico. Evidentemente, esta autonomía no es absoluta y es precisamente justa si responde a las exigencias de la comunión eclesial. Fuera de esta comunión, se trataría de comportamientos antieclesiales, que la autoridad eclesiástica debe sancionar.

La legítima autonomía asociativa encuentra otro límite en la misión que compete a la autoridad jerárquica. Por tanto, en todo lo que concierne a la cura de almas, al ejercicio público del culto divino y a las demás obras de apostolado que deben realizarse en nombre de la Iglesia, las realidades asociativas están sometidas a la autoridad jerárquica. Estos ámbitos no pertenecen al espacio en el que los fieles pueden decidir: son dimensiones públicas que no están a la libre disposición de las asociaciones. Por lo tanto, la participación de las realidades asociativas en estos ámbitos debe ser adecuadamente regulada, sobre todo en lo que se refiere a las relaciones entre las realidades asociativas y el orden sagrado, el apostolado de los institutos religiosos, la actividad de los nuevos movimientos y comunidades, especialmente cuando actúan dentro de las parroquias. En este último caso, se ha de procurar que las parroquias territoriales permanezcan siempre efectivamente abiertas a todos los fieles y a todos los carismas, ya que esta misión de unidad y de servicio común forma parte de su función esencial.

Desde el punto de vista de la constitución y el reconocimiento por parte de la autoridad eclesiástica, las asociaciones privadas existen únicamente en virtud del acto de constitución de sus miembros. Por tanto, los actos de la autoridad eclesiástica respecto a ellas no son constitutivos. Sin embargo, "no se admite en la Iglesia ninguna asociación privada si sus estatutos no han sido revisados por la autoridad competente" (c. 299 § 3). Esta *recognitio* de los estatutos, que implica un simple *nihil obstat*, es el mínimo necesario para el reconocimiento eclesial de una asociación privada. Esto no significa que las asociaciones no reconocidas sean ilegítimas: la mera falta de reconocimiento formal no puede interpretarse negativamente ni considerarse que la asociación carezca de existencia. Sin embargo, es muy aconsejable que, si alcanza la madurez suficiente, cada asociación tenga unos estatutos bien definidos y sea reconocida formalmente. Esto es bueno tanto para la propia asociación como para todos en la Iglesia, ya que es una garantía de eclesialidad.

Las asociaciones privadas gozan de autonomía para designar a su moderador y elegir a un sacerdote como asesor espiritual, con la confirmación del ordinario del lugar. No obstante, la autoridad eclesiástica ejerce una cierta vigilancia sobre las asociaciones, en lo que se refiere a la conservación de la integridad de la fe y de las costumbres, al respeto de la disciplina eclesiástica y a la asignación de los bienes a los fines asociativos. Concretamente, la autoridad tiene derecho a visitar las asociaciones y suprimirlas si se convierten en causa de grave daño para la doctrina o la disciplina eclesiástica, o de escándalo para los fieles.

Las asociaciones públicas también gozan de autonomía legítima y se dirigen de acuerdo con los estatutos, pero bajo la dirección superior de la autoridad eclesiástica. En la práctica, la autoridad eclesiástica indica las líneas generales de conducta, que, sin embargo, son aplicadas con iniciativa y legítima libertad por los responsables de la asociación. En particular, la autoridad eclesiástica desempeña un papel decisivo en la elección del moderador y puede, según los estatutos, confirmar a la persona elegida por la asociación, establecer a la persona presentada o nombrarla. También es la autoridad eclesiástica la que nombra al capellán de las asociaciones públicas, tras oír, en su caso, a los responsables de la asociación. Por motivos graves, se prevé la institución de un comisario que dirige temporalmente la asociación pública en nombre de la autoridad.

2. ALGUNAS CUESTIONES RELACIONADAS CON EL DERECHO DE ASOCIACIÓN

2.1. *Inclusión de nuevos movimientos en las "asociaciones de fieles"*

Las normas del Código no contienen disposiciones especiales para las realidades asociativas en las que sus miembros tienen una implicación global en la vida cristiana o vínculos de naturaleza vocacional, los llamados movimientos eclesiales y las nuevas comunidades. Sin embargo, estas realidades asociativas entran dentro del mismo marco y el Dicasterio de los laicos, la familia y la vida ha dado a este reconocimiento de los movimientos como asociaciones de fieles un sentido amplio y abierto. Esto ha sucedido a pesar de que el marco normativo de las "asociaciones de fieles", con su articulación entre asociaciones públicas y privadas, no prevé las nuevas cuestiones que plantean las realidades asociativas con un trasfondo vital y vocacional, como por ejemplo las relaciones con las diócesis y las parroquias, la pertenencia de los clérigos, la implicación vocacional de algunos miembros, etc.

Parece problemático elaborar un tipo normativo común a todos los movimientos eclesiales. Sus diferencias son demasiado marcadas: en algunos casos, la vida asociativa se desarrolla en el seno de las parroquias, en otros se vive con mayor autonomía; a veces la realidad del movimiento posee una forma institucional unitaria, pero no pocas veces existe una pluralidad de sujetos institucionales asociativos (algunos de los cuales pueden encuadrarse en otros tipos legales), más o menos coordinados entre sí, que remiten a un mismo patrimonio carismático; la pertenencia de los fieles de toda condición es estructurada de múltiples maneras...

Por consiguiente, la decisión de examinar caso por caso las nuevas realidades asociativas, optando por un marco legal de referencia muy flexible, como el de las "asociaciones de fieles", es muy acertada, para no correr el riesgo de sofocar la realidad pluriforme que el Espíritu Santo suscita en la Iglesia para poner en práctica la renovada conciencia de la vocación universal a la santidad y al apostolado de todos los bautizados y su plena pertenencia a la Iglesia.

2.2. *Participación personal de los miembros*

En cuanto a la implicación personal de los miembros de la asociación, algunas solo exigen una contribución externa limitada de los miembros (cuotas económicas, participación en determinadas actividades, rendimiento laboral, etc.). Otras implican una participación personal más íntima en un carisma, con lazos de fraternidad y un compromiso apostólico compartido. Otras requieren, al menos para algunos miembros, una implicación de naturaleza vocacional, en sí misma perpetua y global.

El caso más tradicional de estas dos últimas modalidades son los institutos religiosos, aunque, existen también realidades asociativas de carácter plenamente laico que implican una implicación vital, a veces claramente vocacional: piénsese en los movimientos eclesiales y en las nuevas comunidades antes mencionadas. En ellos, la dimensión vocacional puede implicar la llamada al celibato apostólico (sin que haya ni vida religiosa ni lo que el Código llama vida consagrada), o puede estar vinculada a la condición conyugal, en armonía con los deberes matrimoniales y familiares.

En este sentido, es importante escrutar adecuadamente la sustancia de lo que se llama consagración en los movimientos eclesiales y en las nuevas comunidades, para ver si implica realmente alguna forma de testimonio público y oficial (donde hay una realidad asimilable a la vida religiosa) o se trata de una entrega total a Dios y a la Iglesia que se realiza de forma secular y sin implicar un especial sentido de signo eclesial. En cuanto a la categoría de la vida consagrada, implica necesariamente el celibato (por lo que los cónyuges no pueden considerarse consagrados), pero el celibato apostólico por el Reino de los cielos admite modos de realización plenamente seculares que no son ni religiosos ni forman parte de la vida consagrada.

La existencia de vocaciones de fieles vinculadas a realidades asociativas posee un particular relieve de justicia, y de ello se sigue que la autoridad eclesiástica debe ejercer una particular vigilancia sobre todo a la hora de realizar cualquier discernimiento y aprobación de la respectiva realidad eclesial. En el caso específico del religioso, existe un vínculo especial del fiel con la Iglesia institucional, porque él, en virtud de su particular consagración, asume una nueva posición pública y oficial en la Iglesia y en el mundo (como se verá en la Lección sobre los religiosos).

2.3. *La relación entre el orden sagrado y las realidades asociativas*

A menudo vinculadas a celebraciones litúrgicas, las asociaciones necesitan la *asistencia pastoral de los capellanes*. El ejercicio del ministerio ordenado no puede, de hecho, ser objeto de las finalidades de las asociaciones, ya que siempre tiene lugar en dependencia de la Iglesia como institución. Otra posibilidad de relación entre órdenes sagradas y asociaciones se da porque *los clérigos pueden ser miembros de realidades asociativas*. Cuando la asociación no tiene una relación directa con el ejercicio del ministerio, es evidente que el vínculo asociativo se distingue claramente del ministerial.

Una cuestión relativamente nueva es la de *las vocaciones sacerdotales procedentes de los nuevos movimientos eclesiales*. Si pretenden dedicarse sobre todo al servicio de una diócesis, manteniendo un vínculo con la realidad asociativa, su formación puede tener lugar en seminarios diocesanos comunes, o en seminarios específicos para ellos, manteniendo una dependencia del obispo diocesano. Algunos movimientos pueden disfrutar de una estructura de formación autónoma, aprobada por la Iglesia. Si estos clérigos están incardinados en una diócesis, deben gestionar las exigencias del vínculo de incardinación con las de la participación en la realidad asociativa, a través de posibles acuerdos entre la diócesis y la entidad asociativa.

A diferencia de los institutos religiosos, la incardinación en asociaciones no está prevista. A lo largo de la historia, la capacidad de incardinar se ha concedido a los religiosos en respuesta a la necesidad de respetar la vida religiosa, y también debido a la función pública desempeñada por la vida religiosa en la Iglesia. Además, la responsabilidad de la selección inicial y permanente y de la formación, disciplina y sustento del clero recae sobre el instituto religioso. En cambio, cuando estos elementos no están presentes, se puede comprender la resistencia de la autoridad eclesiástica a ampliar las figuras a las que se concede la facultad de incardinar. Es preciso encontrar un equilibrio entre las necesidades disciplinares y pastorales asociadas a la incardinación y la posibilidad de que el clérigo ejerza el ministerio en favor de la asociación. Por esta razón, se han hecho algunas excepciones concediendo a una asociación la facultad de incardinar. Esta cuestión también puede resolverse mediante acuerdos entre la asociación y la autoridad competente. En cualquier caso, lo importante es que la entidad que pretende incardinar ofrezca las garantías necesarias para mantener la disciplina de la incardinación.

2.4. *Presencia conjunta de hombres y mujeres, matrimonios y familias*

Son igualmente legítimas tanto las asociaciones exclusivamente masculinas o femeninas como aquellas en las que participan juntos fieles de ambos sexos. Sin embargo, dentro de las realidades asociativas de carácter vocacional, es tradicional en la Iglesia la separación entre hombres y mujeres que viven el celibato apostólico. En el ámbito de los institutos de vida consagrada y de las sociedades de vida apostólica, esto se traduce institucionalmente en la existencia de sujetos asociativos distintos.

Desde el punto de vista jurídico, no se trata de preguntarse si existen normas que permitan o prohíban tales comunidades de vida, sino de entender que la disciplina eclesiástica debe incorporar una percepción realista de la naturaleza humana, en su natural tendencia conyugal y en su actual estado caído. Ciertamente pueden establecerse modos prudentes de colaboración en la vida y en el apostolado entre hombres y mujeres que viven el celibato, pero desde el punto de vista institucional deben establecerse normas y criterios para que el mismo hecho de compartir el fin de vida no cree peligros para la fidelidad de cada uno a su propia vocación en el celibato, ni dé lugar a impresiones equivocadas sobre la honestidad de las relaciones entre hombres y mujeres.

Por lo que respecta a la participación de los matrimonios y las familias, hay que señalar sobre todo que toda participación de los miembros de la familia se basa en última instancia en el compromiso personal y la libertad de cada uno, y que en cualquier caso este compromiso debe estar en armonía con los deberes de la propia situación conyugal o familiar.

2.5. *Dimensión ecuménica e interreligiosa de las realidades asociativas*

Hay que distinguir dos hipótesis fundamentales. En primer lugar, existen asociaciones constitutivamente interconfesionales, sin que por ello la asociación exista dentro de la Iglesia católica o dependa de la autoridad jerárquica católica. Los católicos pueden adherirse a estas asociaciones, en el ejercicio de su derecho (natural y también eclesial) de asociación, siempre que vivan también su deber de estar en plena comunión con la Iglesia en este ámbito.

En segundo lugar, hay asociaciones establecidas dentro de la plena comunión católica, con una finalidad ecuménica o interreligiosa. En este último caso, se plantea la cuestión de si los cristianos no católicos y no cristianos son miembros o no. Los no católicos pueden ser miembros de pleno derecho de aquellas asociaciones canónicas cuya finalidad no exija la plena comunión (por ejemplo, asociaciones de caridad, de defensa de bienes humanos como la vida, etc.). En cambio, cuando la finalidad asociativa está directamente vinculada a la propia vida cristiana y a los bienes salvíficos, la condición de miembro de pleno derecho queda reservada solo a los católicos.

Por otra parte, algunas realidades asociativas permanecen estrechamente ligadas a la condición católica de sus miembros, tanto por su naturaleza pública como por el particular sentido vocacional que implican. Así, solo los católicos pueden pertenecer a los institutos de vida consagrada y a las sociedades de vida apostólica.

En cualquier caso, siempre son posibles formas estables de participación y colaboración, pero de carácter externo, por parte de cristianos no católicos y también de no cristianos. En este contexto, pueden ser muy fructíferas las asociaciones civiles de inspiración católica, en las que los no católicos, incluidos los no cristianos, participan como ciudadanos implicados en una determinada obra educativa, caritativa o de otro tipo.

2.6. *La relación entre realidades asociativas eclesiales y animación cristiana de lo temporal*

¿Qué obras temporales pueden incluirse entre los fines asociativos? Por un lado, algunas se sitúan en el ámbito estrictamente eclesial, porque están vinculadas a los mismos bienes salvíficos. Por otro lado, a menudo coexisten las dimensiones eclesial y civil, porque la asociación actúa en la esfera natural humana (educación, sanidad, solidaridad...). En el marco jurídico de estas iniciativas, puede darse prevalencia a una u otra de estas dimensiones. Si se organizan solo en la sociedad civil, se regirán únicamente por el respectivo derecho civil, y su relevancia jurídico-canónica se captará a través de la relación del fiel individual con la Iglesia (ya que también son posibles sanciones canónicas para quienes participen en determinadas asociaciones).

Debe quedar claro que, obviamente, las obras que se oponen a la enseñanza doctrinal o moral de la Iglesia, o que incluso actúan contra ella, no pueden entrar en el ámbito de las asociaciones eclesiales. Un vasto campo de uniones humanas se sitúa en ámbitos en los que la propia naturaleza del vínculo social implica la presencia de intereses que fácilmente entran en colisión con los legítimos intereses de los demás (producción y comercio de bienes materiales y servicios, actividades bancarias y financieras, organizaciones patronales y sindicales, ámbito de la política). Como criterio de prudencia, puede decirse que debe excluirse del ámbito de las asociaciones eclesiásticas todo aquello que pueda perjudicar la comprensión de la apertura de la Iglesia a todos. Los cristianos podrán desempeñar mejor estas tareas en el seno de organizaciones puramente civiles.

3. A MODO DE CONCLUSIÓN: ¿EN QUÉ CONSISTE LA DIMENSIÓN JURÍDICA DE LAS REALIDADES ASOCIATIVAS EN LA IGLESIA?

Tras este rápido recorrido por los distintos problemas relacionados con las asociaciones, parece importante abordar una cuestión básica: ¿en qué consiste la dimensión jurídica de las realidades asociativas en la Iglesia? La respuesta más común es que su juridicidad dependería de su inclusión formal en un determinado tipo normativo, con la consiguiente aplicación de las normas propias de ese tipo. Según esta mentalidad, las realidades asociativas no serían jurídicas *per se*, sino que llegarían a serlo por su inclusión en un esquema legal.

En cambio, la dimensión jurídica de las realidades asociativas es intrínseca y consiste en las relaciones de justicia inherentes a los vínculos asociativos entre los fieles, así como en las relaciones de la institución asociativa como tal, tanto dentro como fuera de la Iglesia. Las realidades asociativas son, por tanto, verdaderamente jurídicas en sí mismas, no en virtud de la aplicación de un tipo legal específico. A veces la relación entre patrimonio carismático fundacional y derecho se entiende en términos extrínsecos, como si el "derecho" (reducido de hecho al sentido de "norma"), no fuera más que el revestimiento formal del carisma. En realidad, si consideramos que la esencia del derecho es el bien de un sujeto en cuanto que le es debido según justicia por otro, el propio patrimonio carismático aparece como un derecho, perteneciente a todos los que lo han recibido así como a la propia Iglesia como institución.

Los tipos legales son necesarios y útiles para regular aspectos comunes a distintas realidades asociativas, sin perder de vista que la fisonomía singular de cada realidad asociativa constituye el único criterio válido para la aplicación de una determinada tipología normativa. Por tanto, será justo, en el caso concreto, prever excepciones a las normas generales propias del tipo, e incluso reconocer en ocasiones que algunas realidades no han encontrado todavía una tipología adecuada (es el caso de las llamadas nuevas formas de vida consagrada).

En consecuencia, las normas propias de cada sujeto asociativo (estatutos de asociaciones de fieles, constituciones de institutos religiosos, etc.) son muy importantes, precisamente porque recogen los rasgos individuales de la entidad. Para elaborarlos, a veces se recurre a modelos preparados de antemano, que, sin embargo, deben compararse con la realidad concreta, que es la piedra de toque de su utilidad. Por la misma razón, el discernimiento de cada realidad asociativa por parte de la autoridad eclesiástica es también muy importante: los actos de reconocimiento y aprobación tratan de un caso individual en su realidad vital, lo que significa que nunca se puede estar satisfecho con una mera corrección formal en la documentación presentada, sino que se debe, con los medios disponibles, discernir el acontecer efectivo de la realidad para la que se solicita la intervención de la autoridad. A menudo está en juego el delicado proceso de discernimiento de los carismas de los que depende la realidad asociativa: este discernimiento se realiza a partir de los frutos de vida cristiana y de apostolado que una realidad suscita de hecho en la Iglesia.

ORIENTACIÓN BIBLIOGRÁFICA

C. J. ERRÁZURIZ M., *Curso fundamental sobre el derecho en la Iglesia*, I, Eunsa, Pamplona 2021, cap. VIII; G. FELICIANI, *Le associazioni dei fedeli nella normativa canonica*, en Aggiornamenti sociali 38 (1987) 683-700; L. NAVARRO, *Persone e soggetti nel diritto della Chiesa: temi di diritto della persona*, EDUSC, Roma, 2017[2], cap. IX-XI, pp. 209-278.

EL ESTATUTO JURÍDICO DE LOS MINISTROS SAGRADOS O CLÉRIGOS

RESUMEN: 1. *El ministerio sagrado: ordenación, incardinación, misión*. 2. *La formación de los clérigos*. 3. *Derechos y deberes*; 3.1. Vinculados a la condición ministerial; 3.2. En el ámbito de la vida espiritual; 3.3. En las relaciones con los demás clérigos; 3.4. En la relación del clérigo con el mundo; 3.5. Algunos aspectos particulares del estatuto personal de los diáconos permanentes. 4. *La pérdida del estado clerical*.

1. EL MINISTERIO SAGRADO: ORDENACIÓN, INCARDINACIÓN, MISIÓN

La constitución jerárquica de la Iglesia, establecida por Jesucristo, se basa en el ministerio sagrado, que la estructura en modo orgánico. Los ministros sagrados hacen presente en la Iglesia la acción de Cristo como cabeza y pastor. Esto requiere una cualificación ontológica específica que depende esencialmente de su participación en la consagración y misión de Cristo. La función ministerial no se basa en una designación por parte de la comunidad, sino en la sagrada potestad de Cristo, para realizar en su nombre las funciones sagradas de enseñar, santificar y gobernar, que cada uno de los ministros cumple según su rango. Conviene recordar el pasaje fundamental del *Catecismo de la Iglesia Católica*:

«Nadie, ningún individuo ni ninguna comunidad, puede anunciarse a sí mismo el Evangelio. "La fe viene de la predicación" (Rm 10, 17). Nadie se puede dar a sí mismo el mandato ni la misión de anunciar el Evangelio. El enviado del Señor habla y obra no con autoridad propia, sino en virtud de la autoridad de

Cristo; no como miembro de la comunidad, sino hablando a ella en nombre de Cristo. Nadie puede conferirse a sí mismo la gracia, ella debe ser dada y ofrecida. Eso supone ministros de la gracia, autorizados y habilitados por parte de Cristo. De Él los obispos y los presbíteros reciben la misión y la facultad (la "sagrada potestad") de actuar *in persona Christi Capitis*, los diáconos las fuerzas para servir al Pueblo de Dios en la "diaconía" de la liturgia, de la palabra y de la caridad, en comunión con el obispo y su presbiterio. Este ministerio, en el cual los enviados de Cristo hacen y dan, por don de Dios, lo que ellos, por sí mismos, no pueden hacer ni dar, la tradición de la Iglesia lo llama "sacramento". El ministerio de la Iglesia se confiere por medio de un sacramento específico» (n. 875).

Con el orden sagrado se imprime en el sujeto un carácter indeleble que lo configura sacramentalmente con Cristo cabeza y le confiere el poder de realizar válidamente los actos ministeriales para los que se requiere la *potestas sacra* (este aspecto de la potestad sagrada se denomina clásicamente "potestad de orden"). Consagración y misión son, por tanto, inseparables: los ministros sagrados son consagrados para la misión. El sacramento del orden habilita para desempeñar una función al servicio de la comunidad. Por tanto, no hay derecho de los fieles a este sacramento y, por tanto, su administración debe estar siempre en función de las necesidades ministeriales del Pueblo de Dios. Todo ministro sagrado participa de la solicitud pastoral de todas las Iglesias, pero su misión se realiza en el contexto de una comunidad eclesial específica.

Para los clérigos seculares, esto tiene lugar mediante la incardinación (cf. cc. 265-272), que comporta la incorporación al presbiterio de una Iglesia particular para servirla, bajo la guía de su Pastor. El vínculo de la incardinación incluye la dependencia disciplinar jerárquica y el título de sustentación. Por tanto, todos los ministros sagrados deben estar incardinados en una circunscripción eclesiástica (diócesis, circunscripción asimilada a la diócesis, prelatura personal) en cuyo favor ejercen su ministerio. Se evita así la existencia –nunca admitida– de clérigos acéfalos o vagos, sin adscripción a un servicio ministerial concreto.

En el caso de los clérigos religiosos, vienen "incardinados" (antes, se hablaba más precisamente quizá de "adscripción") en un instituto de vida consagrada o en una sociedad de vida apostólica que tenga la facultad de incardinarlos. En este caso, son los superiores correspondientes quienes envían a los sacerdotes a servir a una determinada Iglesia particular.

Un fiel se convierte en clérigo o ministro sagrado (ambos términos son equivalentes, cf. c. 207 § 1) a partir de la ordenación diaconal (c. 266 § 1). Por tanto, solo son clérigos quienes han recibido el sacramento del Orden en alguno de sus tres grados: episcopado, presbiterado y diaconado (cf. c. 1009 § 1). Tras el Concilio Vaticano II, el motu proprio *Ministeria quaedam* de 15 de agosto de 1972 suprimió las órdenes de institución eclesiástica (ostiariado, lectorado, exorcistado, acolitado, subdiaconado) y configuró las funciones de lector y acólito ya no como grados del orden, sino como ministerios laicales. Ahora también están abiertos a las mujeres, precisamente porque no están directamente vinculados a las órdenes sagradas.

Con la ordenación diaconal, el clérigo permanece incardinado en la circunscripción a cuyo servicio ha sido admitido, o en el instituto o sociedad al que se incorpora definitivamente. Esta incardinación original posee una estabilidad natural. Sin embargo, puede variar por distintas razones pastorales y mediante distintas fórmulas. Concretamente, el Código prevé también la posibilidad de la excardinación, que el obispo propio concede, por el bien de la Iglesia o por el bien del propio clérigo, para que pueda permanecer incardinado en otro lugar en el que previamente fue aceptado (cc. 267-270), o incluso acuerdos para la "agregación" de un clérigo a otra Iglesia particular con escasez de clero, mientras permanece su incardinación originaria (c. 271).

2. LA FORMACIÓN DE LOS CLÉRIGOS

La relación del ministro sagrado con la Iglesia no puede concebirse a la manera de un contrato de trabajo. Por el contrario, con la recepción del sacramento del Orden se produce un cambio ontológico de orden sobrenatural: el hombre se convierte verdaderamente y para siempre en diácono, presbítero u obispo. La formación y el discernimiento vocacional de los futuros clérigos es un derecho y un deber muy importantes de la Iglesia (cc. 232-264 CIC). Desde el concilio de Trento, la formación de los candidatos al sacerdocio tiene lugar en los seminarios (sobre la formación y el plan de formación sacerdotal, los textos importantes son el decreto *Optatam totius* del Vaticano II y la *Ratio fundamentalis institutionis sacerdotalis* de 2016). Además, la formación debe seguir los planes de cada Conferencia Episcopal y los reglamentos de los seminarios (cc. 242-243). Los candidatos son admitidos por el obispo, previa comprobación de que poseen las cualidades necesarias (c. 241). El c. 247 § 1 dispone que se dé a los candidatos una formación adecuada como preparación para vivir el celibato, aprendiendo a apreciarlo como un don especial de Dios.

Además de los aspectos de formación y organización del seminario, el problema jurídico más importante consiste en el hecho de que la formación de los ministros sagrados está esencialmente vinculada a una vocación específica y, por tanto, es inseparable del discernimiento vocacional, razón por la cual la Iglesia tiene el derecho propio y exclusivo en la selección y formación del clero (c. 232). Es también un deber que incumbe al obispo diocesano, responsable de todo lo relacionado con la ordenación y, por tanto, de la preparación para la misma, y en particular de la alta dirección del seminario (c. 259), siendo también el primer responsable del sostenimiento económico del mismo.

Las condiciones de idoneidad requeridas para licitud del sacramento del Orden son estrictas, porque son proporcionales al compromiso de representación sacramental de Cristo y de dedicación total. Después de la admisión a la formación específicamente vocacional en el seminario, todo el período de preparación tiene un sentido de prueba de la idoneidad del candidato. La admisión al seminario no crea ningún derecho a ser ordenado al final de la formación, pero esto no significa que en el proceso de formación y selección de los candidatos no deban tenerse en cuenta sus derechos, entre los que se encuentra el de recibir una respuesta adecuada y razonable al deseo de ordenación. Sobre todo debe protegerse la libertad de este fiel durante todo el período de formación.

Las decisiones relativas a la idoneidad de los candidatos en el itinerario previo a la ordenación pertenecen al ámbito de la potestad de gobierno y son, en última instancia, responsabilidad de quien tienen la potestad de llamar al orden. El candidato tiene derecho a conocer a tiempo la verdad sobre el juicio que se hace de su condición, para evitar falsas expectativas. Si los formadores perciben signos de manifiesta falta de idoneidad, deben interrumpir el período de preparación: así lo exigen tanto el derecho de la Iglesia como el derecho del mismo interesado. Además, la decisión misma no debe ser arbitraria: aceptar a un candidato indigno o rechazar a uno digno sería una injusticia para la Iglesia (de todos los fieles) que tiene derecho a tener ministros dignos, pero también, en ambos casos, para los mismos fieles que tienen derecho a ser tratados según verdad y lealtad. Existe incluso la posibilidad de recurrir a la autoridad eclesiástica superior por parte de un diácono destinado al presbiterado cuando su propio obispo o el superior mayor competente le prohíben el acceso a este último orden sin una razón seria que justifique la interrupción del itinerario sacramental ya iniciado.

Las ciencias psicológicas y psiquiátricas, en la medida en que los expertos elegidos por la autoridad eclesiástica trabajen en armonía con los principios antropológicos y morales cristianos, pueden ayudar en el discernimiento de la idoneidad, pero nunca pueden sustituir el juicio prudencial de los responsables de la formación y, en último término, del obispo propiamente dicho. Las circunstancias ocultas también pueden ser tenidas en cuenta en este juicio (c. 1030), pero no pueden provenir del ámbito de la dirección espiritual, y mucho menos de la confesión (c. 240 § 2).

También parece importante recordar que el principal interesado en el proceso de formación y discernimiento vocacional, además de la Iglesia, es el propio seminarista, que, por tanto, tiene el deber moral de contribuir sinceramente al conocimiento que de él deben tener los responsables de la formación.

Vinculada a esta cuestión está la de la relación entre el acompañamiento espiritual personal de los seminaristas y el seminario como institución formativa. Como todo fiel, el seminarista tiene el derecho fundamental (c. 214) de elegir libremente a quién puede abrir su conciencia con confianza (c. 246 § 4). El Código también establece que los seminaristas, además de a su director espiritual, tienen derecho a dirigirse a otros sacerdotes designados por el obispo (cf. c. 239 § 2). Por tanto, el seminarista no está obligado a limitarse a la oferta institucional. Esto es tanto más cierto en el contexto del sacramento de la penitencia, que, por su propia naturaleza, está aún menos vinculado al seminario que la dirección espiritual.

Un problema específico reside en el uso del conocimiento obtenido a través de la dirección espiritual en asuntos de gobierno que conciernen a los propios seminaristas. El canon 240 § 2 prohíbe pedir la opinión del director espiritual y de los confesores en las decisiones relativas a la admisión de los estudiantes a las órdenes o a su expulsión del seminario. De este modo, se establece una clara distinción entre el conocimiento obtenido a través de la dirección espiritual para dar el consejo espiritual adecuado, y el conocimiento basado en la conducta externa, incluida la relativa a la vida anterior al ingreso en el seminario, y la información proporcionada por la persona interesada a los formadores, no a través de confidencias de la dirección espiritual. En este sentido, conviene que el propio interesado incluya libremente entre estas informaciones los juicios sobre él del director espiritual que le acompaña. Este segundo tipo de conocimiento, junto con el relativo al comportamiento externo, es el único que debe tenerse en cuenta a efectos de las decisiones de gobierno relativas a los alumnos.

3. Derechos y deberes

La ordenación configura ontológicamente al ministro con Cristo. Esto no significa ninguna superioridad en la condición de fiel, sino que exige que el ordenado asuma un estilo de vida en armonía con su condición de ministro sagrado y con la función pública que está llamado a desempeñar. Precisamente porque se es ministro sagrado de modo sacramentalmente personal y permanente, y no mero ejecutor transitorio de determinadas funciones, la exigencia derivada de la condición clerical no se resuelve en el mero cumplimiento de las obligaciones ministeriales, sino que invade toda la vida. Se trata, ante todo, de una exigencia moral, pero existe también un aspecto jurídico, porque los fieles tienen derecho a aquellas manifestaciones externas propias de la vida de los ministros.

3.1. *Vinculados a la condición ministerial*

Algunos deberes son comunes a todos los fieles, pero se exigen especialmente en el caso de los ministros sagrados, como el deber de *obediencia* a los legítimos pastores (c. 273): "Los clérigos tienen especial obligación de mostrar respeto y obediencia al Sumo Pontífice y a su Ordinario propio". Esta relación concierne sobre todo al desempeño del ministerio mismo, como afirma el canon 274 § 2: "A no ser que estén excusados por un impedimento legítimo, los clérigos deben aceptar y desempeñar fielmente la tarea que les encomiende su Ordinario". Esta disponibilidad tiene consecuencias directas en la vida de los clérigos: el deber de evitar asociaciones incompatibles con el diligente cumplimiento del propio oficio (c. 278 § 3, *in fine*) y el deber de residir en la propia diócesis (c. 283 § 1). Correlativamente, los clérigos tienen derecho a poder ejercer el ministerio recibido, a no ser que razones graves lo impidan. Este derecho, que no se explicita en el CIC, se encuentra en cambio formulado en el canon 371 § 1 del CCEO.

En relación con el ministerio encontramos también el derecho a la *remuneración* (c. 281 § 1), a la *seguridad social* (c. 281 § 2) y al tiempo de *vacaciones* (c. 283 § 2). No se trata de contraprestaciones debidas por la Iglesia al clérigo según el modelo del derecho laboral, ya que el ministerio ordenado exige la dedicación total de la vida a la Iglesia y a las almas. Por lo tanto, la remuneración no puede medirse como pago por los servicios prestados, ni puede estar condicionada por la existencia de un salario. Pero el clérigo tiene un derecho real ante la Iglesia a disfrutar del necesario descanso y a mirar al futuro sin angustias económicas, precisamente para poder dedicarse eficazmente a sus tareas. Las modalidades de aplicación de este derecho dependen sobre todo del derecho particular, pero no hay que olvidar la responsabilidad primordial de la comunidad concreta a la que sirve el ministro sagrado.

Con la ordenación, los ministros sagrados no pierden su legítima *libertad y autonomía personal* como fieles. En los ámbitos de la libertad en la vida espiritual y en la formación, los clérigos gozan del derecho de asociación (c. 278). Son campos en los que hay un amplio espacio para la autonomía, no para eludir sus deberes, sino precisamente para poder cumplirlos mejor. Incluso en la distribución del propio tiempo y en el desempeño del propio ministerio, la Iglesia cuenta con la amplia autonomía e iniciativa del ministro para autoorganizarse libremente y cumplir mejor sus deberes. La autonomía del clérigo está limitada en su ejercicio solo en lo necesario para vivir adecuadamente como clérigo. Por eso, los clérigos tienen el deber de abstenerse completamente de todo lo que es impropio de su condición clerical, y de evitar lo que, sin ser indecoroso, es ajeno a esa condición (c. 285 §§ 1-2).

La obligación de vestir *hábito eclesiástico* es una consecuencia de la naturaleza del servicio que prestan los ministros sagrados, que no se limita a determinadas ceremonias, sino que inviste toda su existencia, marcada por el carácter sacramental recibido en la ordenación (c. 284): "Los clérigos han de vestir un traje eclesiástico digno, según las normas dadas por la Conferencia Episcopal y las costumbres legítimas del lugar". Este canon, aunque remite al derecho particular para las determinaciones más concretas, propone ya algunos parámetros fundamentales: debe tratarse de un hábito eclesiástico, lo que implica la existencia de un signo suficientemente inequívoco y claro, que permita reconocer al clérigo, y debe ser también decoroso, es decir, evitando todo aquello que pueda contradecir la condición clerical (ropas lujosas o miserables, refinadas o extrañas, etc.).

3.2. *En el ámbito de la vida espiritual*

Vida y ministerio son inseparables. La unidad de vida entre las actividades pastorales y los *ejercicios de piedad* se expresa en el canon 276. Después de afirmar que "los clérigos, en su propia conducta, están obligados a buscar la santidad por una razón peculiar" (§ 1), el canon enumera diversos medios, el primero de los cuales es el cumplimiento fiel e incansable de los deberes del ministerio pastoral (§ 2, 1). Los otros medios son el acercamiento a la doble mesa de la Sagrada Escritura y de la Eucaristía, la liturgia de las horas, los retiros espirituales, la oración mental, el sacramento de la penitencia, la devoción a la Virgen Madre de Dios y otros medios comunes y particulares de santificación.

Por lo que se refiere a la celebración de la *Eucaristía*, la ley eclesiástica se contenta con exhortaciones, sin crear para el clérigo ninguna obligación personal especial de derecho positivo, fuera de la común a todos los fieles. Esto constituye una expresión de respeto a la libertad interior de los cristianos, incluidos los ordenados, correlativa a una necesidad personal de santidad que trasciende cualquier prescripción de las normas humanas. Análogas consideraciones pueden hacerse respecto al frecuente recurso al sacramento de la penitencia, que por derecho positivo no va más allá del deber de todo fiel de confesarse anualmente, pero que siempre se ha visto no solo en la perspectiva de la propia santificación, sino también en la del servicio pastoral, especialmente para la mejor celebración del sacrificio de la Santa Misa. Incluso por lo que se refiere a la oración mental, la piedad mariana y otros medios, el Código exhorta pero no impone, dejando amplio espacio a ese derecho a la propia espiritualidad que, como a todos los cristianos, pertenece como derecho a los ministros ordenados.

Por lo que se refiere a la *Liturgia de las Horas*, la ley canónica la considera un estricto deber ministerial y establece la obligación para los presbíteros y diáconos que aspiran al presbiterado de recitarla íntegramente. Esta obligación es moralmente grave en virtud de la naturaleza de la materia, ya que se trata de contribuir, incluso en la celebración individual que es un verdadero acto del sagrado ministerio y del oficio pastoral, al culto público de la Iglesia. Otro deber positivamente establecido es el de los *retiros espirituales*, pero para su determinación se remite al derecho particular (c. 276 § 2, 4). Estos retiros pueden tener una periodicidad variada (mensual, etc.), incluidos los retiros anuales, para los que el Código garantiza un tiempo adecuado a disposición de los párrocos (c. 533 § 2).

La *formación permanente* es un derecho, pero también un deber, de los clérigos. El canon 279 afirma la importancia de la formación permanente, tanto doctrinal como pastoral, y remite al derecho particular para una mayor concreción. La responsabilidad incumbe al obispo, al presbítero, a toda la Iglesia particular, pero ante todo al sacerdote individualmente interesado en cuanto a los momentos, las formas y los medios (diversos tipos de encuentros de espiritualidad y de estudio, aportación de formas de vida común, asociaciones sacerdotales, práctica de la dirección espiritual, etc.). En esta materia, la amplitud de horizontes, dejada en última instancia a la libertad responsable de cada sacerdote o diácono, es compatible con el sentido de la concreción, para fijar unos mínimos obligatorios, organizando medios fácilmente accesibles, adaptados a las circunstancias concretas del clero.

3.3. *En las relaciones con otros clérigos*

El canon 275 § 1 dice: "Los clérigos, puesto que todos trabajan en la misma obra, la edificación del Cuerpo de Cristo, estén unidos entre sí con el vínculo de la fraternidad y de la oración, y fomenten la mutua cooperación, según las prescripciones del derecho particular". Las manifestaciones vinculantes según justicia serán las que exija la propia naturaleza de la situación (graves necesidades espirituales o materiales), o las que determine el derecho particular. Más allá de estos aspectos de justicia, hay un amplio espacio para la libertad del clérigo a la hora de concretar modos y maneras de vivir la fraternidad específica con otros clérigos. En este sentido, "se aconseja vivamente a los clérigos una cierta vida en común, que, en la medida de lo posible, ha de conservarse allí donde esté en vigor" (c. 280). Esta costumbre de vida común, que debe distinguirse de la vida fraterna en comunidad propia de los religiosos, puede adoptar diversas expresiones: cohabitación, mesa común o, al menos, encuentros frecuentes y periódicos.

Otra vía es la de las *asociaciones* de clérigos. Aunque el derecho de asociación eclesial es más amplio, abarcando cualquier asociación con otros fieles, incluso con no clérigos, que tenga "fines conformes con el estado clerical" (c. 278 § 1, y la incompatibilidad del § 3), la manifestación más característica de su asociación como clérigos se refiere a las asociaciones entre clérigos encaminadas directamente a su santificación en el ministerio. El derecho a la propia espiritualidad, unido al derecho a la legítima autonomía personal, no solo justifican estas asociaciones, sino que las hacen muy convenientes para la vida santa y apostólica de los clérigos. El canon 278 § 2 habla de ellas: "Los clérigos seculares han de tener en gran estima sobre todo aquellas asociaciones que, con estatutos revisados por la autoridad competente, mediante un plan de vida adecuado y convenientemente aprobado así como también mediante la ayuda fraterna, fomentan la búsqueda de la santidad en el ejercicio del ministerio y contribuyen a la unión de los clérigos entre sí y con su propio Obispo".

3.4. *En la relación del clérigo con el mundo*

La sagrada ordenación produce una nueva relación con el mundo; no le quita su presencia en él, sino que le da un nuevo sentido de misión en el mundo, en contacto con los asuntos humanos de sus hermanos. Sería, pues, engañoso concebir las exigencias del ministerio principalmente en función de la separación del mundo, entendiendo esta separación en clave totalmente positiva, como condición para servir mejor a la Iglesia. Tal concepción, que extiende a los ministros sagrados un movimiento esencialmente característico de la vida religiosa, impide captar la distinción específica entre clérigos y religiosos.

El clérigo, precisamente para realizar su misión, debe insertarse vitalmente en el mundo, pero debe hacerlo siempre como clérigo. Otro riesgo sería asumir formas de presencia y de acción en el mundo que no se corresponden con la misión específica de los ministros sagrados. Se trata, pues, de limitar la relación con el mundo en ciertos aspectos, para fortalecer el ser y la misión propios del ordenado respecto al mundo mismo. Sin embargo, estas limitaciones no son de carácter pragmático, meramente para facilitar la actividad externa, sino que se refieren a aspectos profundamente ligados a la propia santificación personal y al apostolado de los sagrados ministros.

El más significativo de estos aspectos se refiere al ámbito del matrimonio y de la familia natural: "Los clérigos están *obligados a observar una continencia perfecta y perpetua por el Reino de los cielos* y, por tanto, quedan sujetos a guardar el celibato, que es un don peculiar de Dios mediante el cual los ministros sagrados pueden unirse más fácilmente a Cristo con un corazón entero y dedicarse con mayor libertad al servicio de Dios y de los hombres" (c. 277 § 1). Frente a las propuestas de abolir el celibato sacerdotal, por razones de carácter principalmente pragmático (para hacer frente a la disminución del número de vocaciones, prevenir futuros problemas de castidad en los célibes, etc.), desde el Concilio Vaticano II, los papas más recientes no solo han reafirmado esta disciplina, sino que han subrayado cada vez más su conexión con el mismo sacramento del Orden.

Se suele considerar que este asunto no pertenece al derecho divino, y se cita a este respecto la disciplina de las Iglesias orientales. Sin embargo, no faltan autores para quienes la continencia de los clérigos se vivía habitualmente como una tradición común de origen apostólico. No se trata del celibato como tal, porque se ordenaban hombres casados, sino de la *continencia*, ya que los ministros habrían estado obligados a ella desde su ordenación como requisito de dedicación al ministerio. En cualquier caso, el celibato sacerdotal no debe considerarse como una mera disposición disciplinar, sino que está íntimamente relacionado con la naturaleza del sacerdocio.

En esta materia difieren la disciplina latina y la oriental. Para la primera, la regla general es que todos los clérigos deben observar la castidad perfecta y están obligados por la ley del celibato, es decir, a no casarse, y su intento de matrimonio es inválido en virtud de un impedimento. La única excepción son los diáconos permanentes casados. En las Iglesias orientales, en cambio, hay clérigos célibes y casados (CCEO, cc. 373-375). Sin embargo, el episcopado sigue estando reservado a los célibes (CCEO, c. 180, 3º) y el impedimento que dirige el matrimonio existe respecto a todos los clérigos (CCEO, c. 804), de modo que quienes deseen casarse deben hacerlo antes de la ordenación, y tras la disolución del matrimonio no pueden volver a casarse.

La salvaguardia del bien del celibato concierne tanto a la fidelidad vocacional del clérigo individual como a toda la Iglesia. La debida prudencia del clérigo en este ámbito es también un deber de justicia para con todos los fieles (c. 277 § 2). Las violaciones más graves de la obligación de continencia clerical, precisamente porque representan injusticias muy significativas también con respecto a todo el Pueblo de Dios, se tipifican como delitos canónicos.

En cuanto a los *bienes temporales*, "los clérigos han de vivir con sencillez y abstenerse de todo aquello que parezca vanidad" (c. 282 § 1). En el uso de los bienes temporales, los ministros sagrados están obligados a vivir la común virtud cristiana de la pobreza, con especial énfasis en la sencillez y la sobriedad. Este deber moral incluye algunos aspectos de naturaleza jurídica: sobre todo, el clérigo está gravemente obligado a no utilizar el ministerio con fines de lucro y a no dejarse influir por ventajas humanas de ningún tipo en el fiel desempeño de su función (simonía).

En este ámbito, el clérigo tiene el deber de abstenerse de *actividades económicas* que no estén en consonancia con el ministerio. El Código establece ciertas prohibiciones relativas a la administración de bienes pertenecientes a los laicos, a los oficios seculares que impliquen la carga de rendir cuentas (c. 285 § 4) y al ejercicio de actividades comerciales (c. 286). Estas prohibiciones no proceden de la naturaleza de las actividades económicas y de las profesiones, sino que se basan en la necesidad de garantizar la dedicación del clérigo a su ministerio, de evitar posibles peligros para su serenidad y fama, y de evitar cualquier apariencia de mundanidad en la búsqueda de intereses lucrativos.

En las *actividades civiles*, el ministro debe evitar todo lo que pueda oscurecer la percepción de la distinción entre el orden temporal de la sociedad civil y el orden espiritual de la Iglesia. El ministro sagrado, por su misma condición, está vinculado a la dimensión institucional de la Iglesia y está destinado a aparecer públicamente como tal. La Iglesia como institución no es jurídicamente responsable de todos los actos de sus ministros, que conservan su libertad y la consiguiente responsabilidad personal. Pero la Iglesia debe ante todo protegerse a sí misma, así como al clérigo interesado en su identidad clerical, para evitar que asuma posiciones o lleve a cabo actividades que puedan fácilmente inducir a confusión, como hacer creer que la Iglesia participa en la gestión del poder público en la sociedad civil o tomar posiciones partidistas en campos en los que suele haber intereses contrapuestos. Esto afecta también a la dimensión de paz y concordia fundada en la justicia, tan importante para la Iglesia y para los clérigos (c. 287 § 1), ordenados al servicio de todos.

Existen prohibiciones concretas en este ámbito: asumir oficios públicos con participación en el ejercicio del poder civil (c. 285 § 3; c. 289 § 2), tomar parte activa en partidos políticos o en la dirección de sindicatos (c. 287 § 2); ofrecerse voluntario para el servicio militar (c. 289 § 1). Evidentemente, el clérigo conserva sus derechos políticos y goza de legítima libertad eclesial para ejercerlos (por ejemplo, el derecho al voto), pero, sin embargo, debe ser prudente, más allá del ámbito de estas prohibiciones, a la hora de expresar opiniones y entablar relaciones de cualquier tipo con el mundo de la política, para evitar a toda costa asociar a la Iglesia con determinadas ideas discutibles o proyectos contingentes, que podrían alejar de la Iglesia a quienes disienten de ellos.

3.5. *Algunos aspectos particulares del estatuto personal de los diáconos permanentes*

El diaconado permanente presenta desafíos específicos no solo en lo que se refiere a la entrada en el ministerio, sino especialmente en lo que concierne al estatuto canónico personal de los diáconos permanentes casados. Estos retos están esencialmente relacionados con el ejercicio de un ministerio sagrado pero a tiempo parcial, debido al cuidado y apoyo de la propia familia, y, más generalmente, su inserción en la sociedad civil similar a la de los fieles laicos. Por regla general, se aplican a los diáconos permanentes las mismas reglas comunes a todos los clérigos, salvo en los casos excepcionales expresamente previstos.

No están obligados a llevar vestimenta clerical, a menos que la ley particular establezca lo contrario. Sin embargo, el uso de la vestimenta clerical en ámbitos de trabajo no eclesiásticos podría dar lugar a confusiones que deben evitarse, como si en ellos el diácono representara de algún modo a la Iglesia. Los diáconos permanentes solo están obligados a recitar la Liturgia de las Horas en la medida determinada por la Conferencia Episcopal. Desde el punto de vista de la continencia y el celibato, en todos los casos el impedimento matrimonial del orden sagrado existe después de la ordenación diaconal, de modo que el diácono viudo no puede volver a casarse. Por regla general, los diáconos permanentes no están sujetos a la prohibición de ocupar oficios públicos, ni a la prohibición de participar activamente en partidos políticos y en la dirección de sindicatos, ni se les aplican las restricciones sobre la gestión de bienes y el comercio.

4. LA PÉRDIDA DEL ESTADO CLERICAL

La condición ontológica de ordenado no se pierde nunca, ya que el respectivo carácter sacramental es indeleble. Sin embargo, es posible que la pérdida del estado clerical, es decir, de la condición jurídica de clérigo, se produzca por tres vías. La primera, muy rara, por sentencia o decreto judicial en el que se declare que la ordenación fue inválida; la segunda, por la pena canónica de destitución del estado clerical por determinadas faltas canónicas; la tercera, por un rescripto de la Sede Apostólica, que concede el indulto a petición del interesado, a los diáconos por causas graves y a los presbíteros solo por causas muy graves (c. 290).

Sin embargo, a menos que la ordenación sea inválida, la pérdida del estado clerical no conlleva la dispensa de la obligación del celibato, que debe ser concedida por el Romano Pontífice (c. 291). El clérigo no tiene derecho a la pérdida del estado clerical ni a la dispensa de su obligación de celibato. La concesión de la gracia tiene por objeto responder a la situación personal del ministro que no se considera capaz de perseverar como tal.

Tampoco se puede privar al clérigo de su estatuto propio por un mero acto discrecional de la autoridad eclesiástica. Esto no puede justificarse por razones de insuficiencia no culpable en el ejercicio del ministerio

La pérdida del estado clerical no implica ningún cambio ontológico del fiel ordenado. El clérigo pierde los derechos propios de la condición clerical, oficios, funciones y potestades; y se le prohíbe ejercer la potestad de orden. Asimismo, deja de estar sujeto a los deberes propios de los clérigos (c. 292). Sin embargo, la condición de ministro sagrado sigue presente y se manifiesta en situaciones excepcionales en el derecho y en la obligación de los sacerdotes de oír la confesión de un penitente en peligro de muerte, y en la posibilidad de readmisión en el ministerio mediante un rescripto de la Santa Sede (c. 293).

ORIENTACIÓN BIBLIOGRÁFICA:

CONCILIO VATICANO II, Decreto *Presbyterorum Ordinis* sobre el ministerio y la vida de los presbíteros; SAN JUAN PABLO II, Exhortación apostólica postsinodal *Pastores dabo vobis*; Congregación para el Clero, *Directorio para el ministerio y la vida de los presbíteros*, 2016.

B. N. Ejeh, *I chierici nel popolo di Dio: profilo giuridico*, Marcianum press, Venecia 2017; C. J. Errázuriz M., *Curso fundamental sobre el derecho en la Iglesia*, I, Eunsa, Pamplona 2021, cap. IV; C. J. Errázuriz M., *Curso fundamental sobre el derecho en la Iglesia*, II, Eunsa, Pamplona 2021, caps. IX-X; G. Incitti, *Il sacramento dell'ordine nel Codice di diritto canonico: il ministero dalla formazione all'esercizio*, Urbaniana University Press, Roma 2021²; L. Navarro, *Persone e soggetti nel diritto della Chiesa: temi di diritto della persona*, EDUSC, Roma 2017², caps. 4-5, pp. 83-132; A. M. Stickler, *El celibato eclesiastico. Su historia y sus fundamentos teologicos*, «Scripta theologica» 26 (1994) 13-78.

PERFILES JURÍDICOS DE LA VIDA CONSAGRADA

RESUMEN: 1. *La vida consagrada: historia, noción y esencia;* 1.1. Formas históricas de la vida religiosa; 1.2. Noción actual; 1.3. La esencia de la condición personal de religioso. 2. *Derechos y deberes de los religiosos;* 2.1. Derechos y deberes relacionados con los consejos evangélicos; 2.2. Otros derechos y deberes. 3. *Autonomía y dimensión pública de los institutos;* 3.1. Reconocimiento institucional de los carismas; 3.2. Gobierno de los institutos; 3.3. Apostolado de los religiosos; 3.4. Los religiosos sacerdotes.

Estas páginas tratan de las cuestiones jurídicas relativas a la vida consagrada, término utilizado hoy por el Código para designar, además de los eremitas y el orden de las vírgenes, diversas realidades asociativas: los institutos de vida consagrada (institutos religiosos e institutos seculares), a los que se añaden, en cierta medida, las sociedades de vida apostólica. Parece oportuno volver brevemente sobre la historia de la vida consagrada, para definir la noción misma y caracterizar adecuadamente la esencia de la condición personal de los religiosos, de la que nacen y en la que se comprenden los derechos y deberes de los consagrados. Las demás cuestiones jurídicas tratadas se centran en la relación entre el carisma propio de los institutos de vida consagrada, su legítima autonomía y su dimensión pública en la misión de la Iglesia. Algunas de las cuestiones que se tratarán sobre los religiosos pueden aplicarse, con las debidas cautelas, a los miembros de los institutos seculares y de las sociedades de vida apostólica.

1. Vida consagrada: historia, noción y esencia

1.1. *Formas históricas*

La vida religiosa ha conocido diferentes formas en la historia: las vocaciones de anacoretas en los desiertos de Egipto, las primeras experiencias de vida comunitaria (cenobítica) en Oriente, el desarrollo del monacato occidental según las reglas de San Agustín y San Benito, el nacimiento de órdenes religiosas con una finalidad apostólica externa (dominicos, franciscanos) o de expansión misionera (Compañía de Jesús), la progresiva inserción de algunos institutos religiosos en el mundo para el desarrollo de actividades relacionadas con la educación, la salud, etc.

Santo Tomás de Aquino caracterizó el estado de los religiosos con la expresión estado de *perfección*: "Los religiosos se obligan por voto a abstenerse de aquellas realidades seculares de las que podrían lícitamente servirse, para dedicarse más libremente a Dios, y en esto consiste la perfección de la vida presente" (*S. Th.* II-II, q. 184, a. 5). Santo Tomás, sin embargo, distingue entre la perfección que consiste en la caridad, y el estado de perfección, que implica la asunción solemne de la obligación de aquellas cosas que se refieren a la caridad. Por otra parte, también distingue bien entre el plano esencial de la perfección, que es el de los preceptos del amor a Dios y al prójimo a los que todos están llamados, y el plano secundario e instrumental de los consejos (propios del estado de perfección).

El Código de 1917 amplía el tipo legal de los religiosos a los miembros de congregaciones, es decir, institutos de votos simples, que se distinguen de las órdenes religiosas por sus votos solemnes. En efecto, la distinción entre voto solemne y voto simple era un concepto clave de la legislación de 1917 sobre los religiosos, y se refería principalmente a los efectos jurídicos: el voto solemne, es decir, reconocido como tal por la Iglesia, invalidaba los actos contrarios al voto, mientras que los votos simples solo los convertían en ilegítimos. Sin embargo, otros fenómenos vocacionales, aunque similares en algunos aspectos a la vida religiosa, se diferenciaban de ella (Oratorianos de San Felipe Neri, congregaciones fundadas por San Vicente de Paúl, diversas asociaciones de sacerdotes para tierras de misión). Estas sociedades de vida común sin votos, consideradas como un camino similar a la vida religiosa, dependían sin embargo de la Congregación para los religiosos. En 1947 aparecieron los "institutos seculares", sin votos públicos ni vida común, y con un fuerte compromiso en el mundo, pero finalmente se incluyeron en la categoría del "estado de perfección" y pasaron a depender de la Congregación para los Religiosos.

1.2. *Noción actual*

Al presentar la vocación a la santidad como vocación de todos, el Concilio Vaticano II dejó claro que la vida religiosa no puede presentarse únicamente desde la perspectiva del estado de perfección. Situar la sustancia de la vocación religiosa solo en relación con las exigencias del radicalismo cristiano no puede ayudar a definir la especificidad de la vida religiosa, ya que todas las vocaciones cristianas (todos los estados de vida) deben ser vistos en la misma perspectiva del seguimiento radical de Cristo, porque no hay dos tipos de cristianismo, el de los elegidos y el de los comunes. En otras palabras, la santidad no implica separación del mundo, como atestigua la vida de los cristianos de las primeras comunidades.

El Concilio Vaticano II invitó, por tanto, a reajustar la percepción de la especificidad de la vida religiosa para caracterizar con mayor precisión la consagración a Dios de los religiosos. Se trata de una consagración peculiar a Dios, distinta de la consagración bautismal (cf. LG 10), de la matrimonial (cf. c. 1134) y de la que deriva de la sagrada ordenación (cf. c. 1008). Su vida constituye una representación pública de la entrega a la misión salvífica de Cristo (cf. LG 44; c. 573) y un testimonio de la presencia de los bienes celestiales, de la vida nueva y eterna ya en este mundo. El estilo de vida que deriva de la consagración a Dios con la profesión de los consejos evangélicos es una manifestación de la acción santificadora del Espíritu Santo y refleja el principio de la variedad, no el del principio jerárquico. De ahí la afirmación conciliar de que "aunque no pertenece a la estructura jerárquica de la Iglesia, pertenece indiscutiblemente a su vida y santidad" (LG 44).

A diferencia del Concilio Vaticano II, que utiliza el término "religiosos", el Código de 1983 adopta una sistemática basada en la noción de "vida consagrada", que es más amplia que la de vida religiosa, caracterizada solo por la "profesión de los consejos evangélicos mediante votos u otros vínculos sagrados reconocidos por la Iglesia" (c. 207 § 2), es decir, sin incluir la separación del mundo, que es específica solo de los religiosos. En la categoría "vida consagrada", el Código distingue entre institutos religiosos (cc. 573-602) e institutos seculares (cc. 605-730): tienen en común que son formas estables de vida que se realizan asociativamente en un instituto erigido canónicamente por la autoridad competente de la Iglesia. La vida consagrada también puede vivirse individualmente en la vida eremítica (c. 603) o en el orden de las vírgenes (c. 604), que también están vinculadas al obispo diocesano.

Para indicar algunas especificidades que distinguen las diferentes formas, en los institutos religiosos, la profesión de los consejos evangélicos tiene lugar mediante votos públicos, la vida fraterna adopta la forma de vida comunitaria y debe haber una clara separación del mundo. En los institutos seculares, en cambio, la profesión de los consejos puede tener lugar a través de otros vínculos sagrados distintos de los votos (promesas, juramentos, etc.), la vida fraterna tiene expresiones distintas de la vida común propia de los religiosos y, sobre todo, en lugar de la separación del mundo, hay un compromiso por la santificación del mundo "trabajando en él" (c. 710).

Las "sociedades de vida apostólica" o "sociedades de vida común sin votos", como las llamaba el Código de 1917, siguen considerándose como una realidad distinta pero relacionada con los institutos de vida consagrada. No son institutos de vida consagrada porque sus miembros no profesan públicamente los consejos evangélicos. Su característica fundamental es la vida fraterna en común, motivada por la dedicación a las obras apostólicas propias de la sociedad según las constituciones.

1.3. *La esencia de la condición personal de religioso*

Los derechos y deberes jurídicos de los religiosos se deducen de las características específicas de la vida religiosa. Desde este punto de vista, como se ha dicho, las nociones de "estado de perfección" o de vida marcada por la radicalidad cristiana ya no parecen capaces de ofrecer el elemento específico de este estado de vida. Tampoco se puede hacer consistir la vida religiosa en ciertas expresiones como el celibato por el reino de los cielos, el compartir los bienes materiales o la voluntad de dedicar la vida a ciertas tareas eclesiales, porque estos aspectos también se pueden encontrar fuera de la condición religiosa.

Una comparación con la vocación de los fieles laicos y de los clérigos puede ciertamente aclarar la especificidad de la vocación religiosa. El religioso, a diferencia del laico, asume una nueva condición en la Iglesia. Por otra parte, esta nueva condición no es ministerial, como en el caso de los clérigos. De hecho, el religioso no recibe un ministerio o una función eclesiástica, sino que *es el conjunto de su existencia el que cambia y, mediante la consagración religiosa, adquiere una visibilidad pública y oficial*. La visibilidad de la condición religiosa supone, pues, un cambio efectivo en la vida del bautizado, que se traduce en la asunción pública (votos públicos) y oficial (aceptación por la propia Iglesia como institución) de los tres consejos evangélicos de castidad, pobreza y obediencia. Sin embargo, ni el celibato, ni la pobreza, ni la obediencia, ni el modo radical de vivir estas virtudes son específicos de la vida religiosa. Para que haya vida religiosa, es necesario que la Iglesia dé a la vida según esos consejos el valor de un testimonio público y oficial, con las consecuencias jurídicas que de ello se derivan.

Más allá de la visibilidad de la consagración, la *separación del mundo*, característica de los religiosos, no consiste en un mayor o menor alejamiento físico de ciertas realidades seculares, sino en poner toda la vida en función de la propia condición de religioso, asumiendo así todo lo necesario para mantener y proteger el propio y específico testimonio escatológico. Como todos los fieles, el religioso participa de la dimensión secular de toda la Iglesia. Sin embargo, a diferencia de la secularidad específica de los laicos, asume una forma de vida que implica necesariamente una cierta separación del mundo, es decir, un cambio respecto a la secularidad propia de los fieles laicos. Esta separación del mundo no es propia de los clérigos como tales, cuya condición personal se basa en el ministerio, no en el testimonio escatológico.

La separación específica del mundo conlleva consecuencias jurídico-canónicas en la vida de la persona religiosa. Diversos aspectos jurídicos (patrimoniales, laborales, etc.) se realizan en el ámbito social específico que es el instituto religioso, en el que lo humano y lo religioso están indisolublemente unidos. Precisamente en virtud de su diferente enfoque de su relación con el mundo, así como del hecho de ser un signo público de la radicalidad cristiana, corresponde a los religiosos dar un testimonio específico de la prioridad de los bienes de la salvación. En este sentido, el *testimonio escatológico* es una nota característica de la vida religiosa. No se trata de distinguirse del mundo en cuanto que viene de Dios, sino de asumir una nueva posición ante el mundo, y precisamente trabajar de otro modo por su santificación.

En la vida religiosa, la *relación con el instituto y con los hermanos adquiere* una importancia esencial: se trata de consagrarse en un instituto. Esto implica vivir la identidad carismática del instituto, obedecer a los superiores, recibir formación en él, practicar la vida fraterna en comunidad, participar en iniciativas apostólicas comunes, etc. A este respecto, el Código contiene normas especialmente detalladas sobre la admisión, la formación de los candidatos, el noviciado, la profesión religiosa temporal y perpetua (cc. 641-661), su separación eventual y excepcional por traslado a otro instituto o su salida temporal o definitiva del instituto (cc. 684-693) o su dimisión o expulsión (cc. 694-704). Estas disposiciones se especifican generalmente en el derecho propio de cada instituto.

2. Derechos y deberes de los religiosos

Conviene recordar que el religioso es ante todo un fiel y, por tanto, su estatuto es una especificidad, un añadido, que no le hace perder, sin embargo, su condición de fiel. El religioso es el fiel que ha ejercido su derecho a elegir su propia espiritualidad y su propia condición de vida, en estrecho vínculo con el instituto del que forma parte. Sobre todo, el derecho y el deber fundamental de todo religioso es vivir el carisma de su instituto. Todos los demás derechos y deberes giran en torno a este concepto. Es el carisma lo que da sentido a todas las normas jurídicas concretas, lo que garantiza que los diversos derechos y deberes no constituyan compartimentos estancos, sino que estén interconectados. En este apartado, únicamente nos ocuparemos del contenido jurídico del estatuto común a todos los religiosos, que solo se refiere a ciertos aspectos comunes de carácter esencial (consejos evangélicos de castidad, pobreza y obediencia; separación del mundo). El programa de vida en el que se concreta la observancia de los tres consejos evangélicos se encuentra en las constituciones de cada instituto, cuya interpretación corresponde a la jerarquía eclesiástica (cf. c. 576), teniendo en cuenta, obviamente, sus propios carismas.

2.1. *Derechos y deberes relacionados con los consejos evangélicos*

El consejo evangélico de la *castidad* asumida por el reino de los cielos mediante voto público (es decir, recibido oficialmente por la Iglesia), conlleva la obligación de la continencia perfecta en el celibato (c. 599). La castidad de los religiosos, para ser signo de la vida futura, no solo se asume por el reino de los cielos (como también la de los clérigos y laicos llamados vocacionalmente a esta condición), sino que se inserta en la dinámica de un testimonio público de la vocación a la vida eterna y, por tanto, el compromiso público de castidad tiene una relevancia social y jurídica. La castidad célibe de los religiosos es también indispensable para todos los demás aspectos peculiares de la vida religiosa: la vida común llevada a cabo solo por hombres célibes, o solo por mujeres célibes; las exigencias concretas de pobreza y obediencia, radicalmente incompatibles con la responsabilidad de una familia natural. La continencia perfecta de los religiosos implica un impedimento matrimonial, de modo que "atentan inválidamente el matrimonio quienes están vinculados por voto público perpetuo de castidad en un instituto religioso" (c. 1088).

La *pobreza* consiste en la asunción de una vida pobre de hecho desvinculada de los bienes terrenales, junto con una situación de dependencia y limitación en el uso y disposición de los bienes (c. 600). En el ámbito relacionado con su actividad, el religioso pierde su independencia patrimonial respecto al instituto: todo lo que adquiere queda adquirido para el instituto, y lo mismo sucede con las pensiones, subsidios y seguros (cf. c. 668 § 3). Puede, sin embargo, seguir siendo titular de otros bienes patrimoniales, pero con la obligación de ceder la administración de los mismos a quien prefiera, de establecer a quién pertenecerá el uso y usufructo de dichos bienes, y la obligación de solicitar permiso al superior competente para modificar por justa causa las citadas disposiciones, así como para realizar cualquier acto relativo a los bienes temporales, y la obligación de otorgar testamento (cf. c. 668 §§ 1-2). Es importante señalar que lo religioso en todo esto no es la materialidad de estos actos, ni siquiera su motivación sobrenatural. Solo es específicamente religioso realizarlos con espíritu de testimonio público y consiguiente separación del mundo, que en el plano externo se manifiesta especialmente en el reconocimiento canónico de una pérdida más o menos total de la autonomía patrimonial.

La *obediencia* obliga al religioso a someter su voluntad a la de los superiores legítimos cuando estos dan órdenes según sus constituciones (c. 601). Esto no consiste simplemente en una disponibilidad más o menos amplia para las tareas apostólicas: la obediencia del religioso está esencialmente ligada a la pertenencia al instituto, y es también una manifestación de separación del mundo según el carácter y la finalidad del respectivo instituto. La autonomía del religioso respecto a las cosas temporales queda, por tanto, sustancialmente disminuida. Su participación en la misión de la Iglesia tiene lugar precisamente como religioso, es decir, con una vinculación esencial a su instituto. Esto tiene consecuencias jurídicas en el plano de la vida común y de la dedicación al apostolado propio del instituto. La obediencia se refiere, en primer lugar, a las exigencias intrínsecas del propio carisma fundacional, indicadas en las respectivas constituciones del instituto, y luego se concreta en la vida de cada religioso a través de la relación con los superiores en los diversos niveles. La mayor o menor pérdida de autonomía en lo temporal depende obviamente de la naturaleza del instituto.

2.2. *Otros derechos y deberes*

Un problema particularmente importante y delicado es el de la *relación entre la obediencia y la vida espiritual* de los religiosos: "Los miembros deben acudir con confianza a sus Superiores, a quienes pueden abrir su corazón libre y espontáneamente" (c. 630 § 5). Sin embargo, cada religioso tiene siempre el derecho de vivir, dentro de la vocación común en su instituto, su propio camino espiritual, según las mociones del Espíritu Santo. También conserva, como persona humana y como fiel, el derecho a su propia intimidad (cf. c. 220). En este sentido, debe salvaguardarse especialmente el derecho del religioso a la debida "la debida libertad por lo que se refiere al sacramento de la penitencia y a la dirección espiritual, sin perjuicio de la disciplina del instituto" (c. 630 § 1), y compartir libremente la propia intimidad con los superiores. La administración de la penitencia y la dirección espiritual son aspectos que deben distinguirse del gobierno de los superiores, y en este sentido se dispone que "los Superiores no deben oír las confesiones de sus súbditos, a no ser que estos lo pidan espontáneamente" (c. 630 § 4).

Además de los deberes y derechos relativos a la *vida sacramental y de oración* (cc. 663-664), está la obligación de la *vida común* y la prohibición de ausentarse de ella sin licencia del superior (c. 665). Se trata de un deber no solo moral, sino también jurídico, ya que es un aspecto esencial de la propia vocación y misión. La casa religiosa es, por tanto, un espacio de gran importancia, en el que siempre debe haber una parte reservada exclusivamente a los religiosos. En esta parte se debe vivir, según el carácter y la finalidad de cada instituto, la clausura, es decir, un espacio de intimidad en la vida de la comunidad, al que, en principio, no son admitidas personas que no pertenezcan a esa comunidad religiosa concreta.

El religioso tiene el derecho y el deber de *participar en el apostolado* propio del instituto. En los institutos enteramente dedicados a la contemplación, el apostolado reside solo en la vida de oración: "aun cuando sea urgente la necesidad de un apostolado de acción, los miembros de estos institutos no pueden ser llamados para que presten colaboración en los distintos ministerios pastorales" (c. 674). En los institutos dedicados a obras apostólicas, la característica propia del apostolado de los religiosos es que "se realice en nombre de la Iglesia y por su mandato" (c. 675 § 3). El religioso realiza el apostolado como religioso, respetando fielmente la misión y las obras propias del instituto (cf. c. 677 § 1).

Los religiosos tienen el derecho y el deber de vestir el *hábito religioso* propio de cada instituto (c. 669). Aunque pueda parecerse al hábito clerical cuando son clérigos, sigue siendo *formalmente* distinto, ya que no está en función del propio servicio ministerial, sino que es una manifestación pública de la propia condición, un testimonio de pobreza y una expresión de pertenencia a un determinado instituto. Es un deber jurídico positivo, que concreta uno de los requisitos básicos de la visibilidad de la condición religiosa.

Por último, pero no menos importante, es fundamental recordar que el religioso tiene el deber y el derecho de seguir su vocación y perseverar para siempre, pudiendo abandonar el instituto solo por motivos proporcionalmente graves y con el consentimiento de la autoridad eclesiástica competente. Este derecho se ejerce frente a toda la Iglesia, y sobre todo frente al instituto: "el instituto debe proporcionar a sus miembros todos los medios necesarios, según las constituciones, para alcanzar el fin de su vocación" (c. 670). En efecto, lo que les es debido consiste, principalmente, en los bienes necesarios para poder vivir su vocación cristiana de religiosos, según el espíritu de cada familia religiosa. Estos derechos son correlativos a los deberes del instituto, de los hermanos y de toda la Iglesia representada por la jerarquía. El incumplimiento grave y continuado de los deberes del instituto para con sus miembros, privándoles especialmente del ambiente espiritual adecuado para vivir la vocación religiosa, puede llegar a constituir una causa muy grave que justifique el indulto de salida del instituto (cf. c. 691).

3. Autonomía y dimensión pública de los institutos

Tanto la dimensión personal como la comunitaria de la vida consagrada están vinculadas a la Iglesia como institución. Esta interpenetración entre carisma y dimensión institucional ya se ha visto en el hecho de que nadie puede profesar privadamente su consagración, sino que debe hacerlo siempre ante la autoridad eclesiástica. También hemos señalado la dimensión pública y oficial del testimonio cristiano de los religiosos. Nos corresponde ahora mencionar otras manifestaciones de la relación entre el carisma de cada instituto y su inserción en la dimensión eclesial pública. Nos detendremos en los problemas de la erección canónica de los institutos, del gobierno, de la participación de los institutos en el apostolado de la Iglesia y de la incardinación de los clérigos religiosos.

3.1. *Reconocimiento institucional de los carismas*

La primera cuestión se refiere al reconocimiento eclesial de los carismas fundacionales. El discernimiento sobre la eclesialidad y la fiabilidad de los carismas corresponde a los obispos diocesanos, cuando tienen que valorar la oportunidad de la erección formal de nuevos institutos en su territorio. Deben acoger los dones que el Espíritu suscita en la Iglesia particular, evitando al mismo tiempo "la creación imprudente de institutos inútiles o carentes de vigor suficiente" (Vaticano II, Decr. *Perfectae caritatis*, 19) o "la multiplicación excesiva de instituciones similares, con el consiguiente riesgo de una perjudicial fragmentación en grupos demasiado pequeños" (Juan Pablo II, Exhortación apostólica *Vita consecrata,* 12). En esta valoración de la pertinencia del proceso de erección canónica, el obispo debe contar ahora con la autorización escrita de la Sede Apostólica (nueva formulación del canon 579). Un instituto erigido por el obispo diocesano es de *derecho diocesano*. En cambio, un instituto erigido o aprobado (es decir, tras la erección diocesana) por la Santa Sede se dice que es de *derecho pontificio*.

Esta intervención de la autoridad jerárquica se justifica por el hecho de que todo instituto de vida consagrada o sociedad de vida apostólica, "como don a la Iglesia, no es una realidad aislada o marginal, sino que pertenece íntimamente a ella, está en el corazón mismo de la Iglesia como elemento decisivo de su misión" (Francisco, *Carta a los consagrados*, 2014, III, 5). Por la misma razón, la fusión, unión, federación, confederación y supresión de institutos están reservadas a la Sede Apostólica (cc. 582, 584). Además, "corresponde a la autoridad competente de la Iglesia interpretar los consejos evangélicos, regular con leyes su práctica y determinar mediante la aprobación canónica las formas estables de vivirlos, así como también cuidar por su parte de que los institutos crezcan y florezcan según el espíritu de sus fundadores y las sanas tradiciones" (c. 576). Las autoridades competentes de cada instituto pueden, por su parte, erigir, unir, modificar y suprimir subdivisiones o partes del instituto (cc. 581, 585). La erección de casas religiosas corresponde a la autoridad competente según las constituciones, previo consentimiento escrito del obispo diocesano (c. 609 § 1). Este consentimiento se requiere también para las innovaciones en las que cambien las obras apostólicas a las que está destinada una casa (c. 612). También se requiere licencia de la Sede Apostólica para erigir un monasterio de monjas (c. 609 § 2). La dimensión jurídico-institucional de la vida consagrada resulta, pues, de la armoniosa confluencia de los carismas fundacionales y de las intervenciones jerárquicas que los disciernen, promueven y tutelan.

El carisma de cada instituto se expresa en parte en una normativa propia de cada realidad singular. Este "derecho propio" (en el sentido normativo de la palabra "derecho") consiste en las constituciones que traducen la identidad carismática fundacional y la experiencia jurídica propia del instituto. Concretamente, las *constituciones* son la parte que recogen las normas fundamentales relativas al propio gobierno, disciplina, incorporación y formación de los miembros, objeto de los vínculos sagrados por los que los miembros profesan los consejos evangélicos. Estas normas fundamentales del instituto emanan de la autonomía privada de los fieles (de la voluntad del fundador), pero, dada su relevancia pública, deben ser aprobadas por la autoridad eclesiástica (cc. 589, 593) y no pueden ser modificadas sin su consentimiento (c. 587 § 2). Además de las constituciones, el derecho propio debe determinar también el modo concreto de vivir los tres consejos evangélicos y la vida fraterna, etc. (c. 587 § 2). Estas normas más específicas, que obviamente son conformes al derecho universal, son dictadas y modificadas por las autoridades competentes del instituto, ya que no es necesaria la intervención de la autoridad eclesiástica.

3.2. *Gobierno de los institutos*

La conservación y promoción del patrimonio espiritual de cada instituto corresponde a la autoridad eclesiástica (c. 576), pero la responsabilidad inmediata recae sobre sus propios miembros, particularmente sobre aquellos que reciben la misión de gobernarlo. Por esta razón, los institutos de vida consagrada gozan de la necesaria autonomía de gobierno (c. 586 § 1), compatible con la sujeción a la autoridad eclesiástica. Hay que distinguir, por tanto, entre una *potestad de gobierno externa*, por la que las autoridades eclesiásticas competentes disponen lo necesario para unir armónicamente la vida y la actividad de los institutos al conjunto de la vida eclesiástica, y la *potestad interna*, autoridad propia de los institutos (superiores y capítulos o consejos; cf. cc. 617-633; 716-717), por la que cada instituto se gobierna a sí mismo según su derecho propio.

Los institutos de vida consagrada están ante todo sujetos "por un título peculiar" a la autoridad suprema, "por dedicarse de un modo especial al servicio de Dios y de toda la Iglesia" (c. 590 § 1). Cada uno de sus miembros está obligado "está obligado a obedecer al Sumo Pontífice, como a su Superior supremo", es decir, no solo por el deber de obediencia común a todos los fieles, sino "también en virtud del vínculo sagrado de obediencia" (c. 590 § 2). La potestad suprema del Romano Pontífice sobre los institutos y los miembros es, por tanto, externa e interna.

Además, los *institutos de derecho pontificio* "los institutos de derecho pontificio dependen inmediata y exclusivamente de la potestad de la Sede Apostólica, en lo que se refiere al régimen interno y a la disciplina" (c. 593). Por tanto, la Santa Sede (a través del Dicasterio para los Institutos de Vida Consagrada y las Sociedades de Vida Apostólica) es la autoridad competente para ejercer la potestad de jurisdicción externa sobre las cuestiones de gobierno interno (no actúa, por tanto, como superior del instituto). Esto no excluye que la actividad externa de tales institutos esté también sometida al régimen de los ordinarios de la diócesis en las materias de su competencia, particularmente en lo que se refiere al apostolado externo. En cuanto a la antigua figura de la *exención*, la legislación anterior declaraba exentas de la jurisdicción del obispo diocesano las casas e iglesias de los regulares, pero el Código actual establece que normalmente no hay institutos exentos como tales. Por su parte, los institutos de *derecho diocesano* (c. 589) están "bajo el cuidado especial" del obispo diocesano, que ejerce con carácter general, tanto para su actividad externa como para su régimen interno (c. 595), potestad externa sobre ellos, sin perjuicio de su autonomía interna (c. 586 § 1).

En cuanto a la *potestad interna*, el canon 596 establece que los superiores y los capítulos de los institutos tienen sobre sus miembros "la potestad determinada por el derecho universal y las constituciones". Esta potestad es diferente de la sagrada potestad inherente a la Iglesia como institución (potestad atribuida por Cristo a los apóstoles y a sus sucesores). La potestad de los superiores concierne al ámbito de la acción propia del instituto, pero no a los bienes salvíficos dados por Cristo a su Iglesia. En los institutos de vida consagrada y en las sociedades de vida apostólica, la potestad interna adquiere un valor particular en virtud del testimonio público y oficial que caracteriza a las personas consagradas, o del hecho de que se trata de asociaciones clericales o vinculadas a un apostolado que debe ejercerse en nombre de la Iglesia (cf. c. 618). Sin embargo, sigue siendo claramente distinta de la potestad eclesiástica de gobierno, destinada a la administración de los bienes salvíficos. En el contexto de los institutos religiosos y las sociedades de vida apostólica, clericales y de derecho pontificio, la Iglesia transmite a sus superiores mayores la potestad eclesiástica de gobierno para que puedan regular ciertos aspectos relativos a la vida de los clérigos.

En los institutos religiosos y sociedades de vida apostólica de derecho pontificio, existe una atribución legal de potestad eclesiástica de gobierno a los superiores y a los capítulos dentro de la asociación para llevar a cabo actos jurisdiccionales que normalmente serían responsabilidad de la jerarquía diocesana. Los superiores mayores pueden conceder a cualquier presbítero la facultad de oír las confesiones de los miembros del instituto, o conceder cartas dimisorias para la ordenación diaconal y presbiteral de sus miembros. Los superiores mayores dotados de potestad de gobierno ejecutiva ordinaria son ordinarios respecto a los miembros del instituto o sociedad (cf. c. 134 § 1). Sin embargo, estas atribuciones de potestad no transforman el instituto en una comunidad jerárquica de fieles, sino que solo afectan a determinados aspectos de la vida de los miembros clérigos.

3.3. *Apostolado de los religiosos*

Esta cuestión coordina dos aspectos. El primero se refiere a los ámbitos de autonomía y responsabilidad de los superiores religiosos en la dirección de la actividad apostólica de acuerdo con los fines de cada instituto. El segundo se refiere a la colaboración de los institutos o de concretos religiosos con las oficinas pastorales diocesanas y la sujeción al obispo. El Código trata estos aspectos en los cánones 667-683.

El *respeto al carácter del instituto religioso* constituye un criterio imperativo. Como consecuencia de su plena dedicación a las obras propias del instituto, los religiosos no deben aceptar nombramientos u oficios "externos" (diocesanos, parroquiales, de asociaciones...) sin la autorización de su superior (c. 671). De hecho, el apostolado principal de los religiosos reside en el testimonio de su vida consagrada, marcada por la oración y la penitencia (c. 673). El canon 674 prohíbe expresamente recurrir a religiosos de vida exclusivamente contemplativa para su colaboración en los ministerios pastorales. En los institutos que tienen una actividad apostólica externa, la fidelidad a la identidad de cada instituto sigue siendo, sin embargo, un principio fundamental en la definición de las actividades apostólicas, y la autoridad eclesiástica debe tenerlo siempre en cuenta.

En cuanto a la *colaboración de institutos o religiosos individuales en el apostolado diocesano*, "los religiosos están sujetos a la potestad de los Obispos, a quienes han de seguir con piadosa sumisión y respeto, en aquello que se refiere a la cura de almas, al ejercicio público del culto divino y a otras obras de apostolado" (c. 678 § 1). Esta sumisión deriva de la naturaleza pública de tales actividades apostólicas, ejercidas en nombre y por mandato de la Iglesia. Sin embargo, "en el ejercicio del apostolado externo, los religiosos dependen también de sus propios Superiores y deben permanecer fieles a la disciplina de su instituto; los Obispos no dejarán de urgir esta obligación cuando sea del caso" (c. 678 § 2). Cualquier enfoque apostólico que tendiera a olvidar la especificidad de la vida religiosa (descuidando por ejemplo, la vida común o las manifestaciones religiosas de la pobreza), o que supusiera en la práctica uniformar a los religiosos clérigos con los religiosos seculares, sería engañoso. Para tener en cuenta estas exigencias, "es necesario que los Obispos diocesanos y los Superiores religiosos intercambien pareceres al dirigir las obras de apostolado de los religiosos" (c. 678 § 3).

El obispo diocesano guía la coordinación de las actividades apostólicas entre los diversos institutos, y entre estos y el clero secular, respetando siempre, sin embargo, el carácter y la finalidad de cada uno de los institutos, así como las leyes de fundación propias de una determinada iniciativa apostólica (cf. c. 680). Cuando una *actividad directamente dependiente del obispo diocesano* es confiada a religiosos, estos están sometidos a la autoridad y dirección del obispo, como lo estaría cualquier otro fiel. Se prevé que en tales casos se estipule una convención entre el obispo y el superior competente del instituto, para definir con exactitud la obra a realizar, los religiosos que se destinarán a ella y los aspectos económicos (c. 681).

Una *parroquia puede ser confiada a un instituto religioso clerical o a una sociedad clerical de vida apostólica* (c. 520). El párroco sigue siendo siempre una persona física, es decir, un sacerdote, y no la persona jurídica del propio instituto o sociedad clerical. Ciertamente, existe una implicación institucional de la realidad eclesial a la que están vinculados esos sacerdotes, por lo que se prevé un acuerdo escrito con la diócesis sobre "la labor que debe ejercerse, a las personas que se dedicarán a ella y a los asuntos económicos" (c. 520 § 2). Sin embargo, la responsabilidad pastoral inmediata recae en quien es nombrado párroco (naturalmente, el nombramiento, realizado por el obispo diocesano, debe contar con la voluntad de la entidad de la que depende personalmente el sacerdote).

Cuando el *religioso recibe un oficio en la diócesis*, el nombramiento lo hace el obispo previa presentación, o al menos con el consentimiento del superior competente. En este caso, la remoción del oficio es discrecional tanto para el obispo como para el superior religioso: es suficiente que uno informe al otro, sin requerir su consentimiento (c. 682). La potestad del obispo diocesano sobre el apostolado externo de los institutos comporta su derecho a visitar "las iglesias y oratorios a los que tienen acceso habitual los fieles, así como también las escuelas y otras obras de religión o de caridad, tanto espiritual como temporal, encomendadas a religiosos; pero no las escuelas abiertas exclusivamente a los alumnos propios del instituto" (c. 683 § 1).

Ciertamente, estas soluciones pueden aumentar el número de clérigos dedicados a la pastoral parroquial y enriquecer la diócesis con carismas y experiencia, pero no hay que perder de vista su carácter excepcional, tanto desde el punto de vista de la propia diócesis, que como norma debe tener plena autonomía en los nombramientos parroquiales (de ahí que la libre atribución sea la regla general: c. 523), como desde el punto de vista de los propios sacerdotes, en la medida en que el ministerio parroquial no sea el más acorde con sus carismas específicos.

3.4. *Los religiosos sacerdotes*

El ministerio sacerdotal ha estado siempre vinculado al ejercicio de un oficio pastoral concreto al servicio de una comunidad de fieles. Para poner fin al problema de los clérigos "acéfalos" o "vagos" (cf. c. 265), que no dependían de un obispo concreto, el Concilio de Calcedonia (451) había prohibido de hecho las "ordenaciones absolutas", es decir, desvinculadas de un oficio pastoral. En este marco, el problema de la ordenación sacerdotal de los religiosos se plantea, pues, desde los orígenes de la vida religiosa. El Código de 1917 (c. 111), distinguía a este respecto la incardinación en una estructura jerárquica de la *adscripción* en un instituto religioso. Hoy en día, la incardinación está prevista para todos los institutos religiosos, como regla general para las sociedades clericales de vida apostólica, y excepcionalmente para algunos institutos seculares. En este último caso, el clérigo puede ser incardinado en el instituto secular si está destinado a las obras propias del instituto o a funciones de gobierno dentro del mismo (c. 715 § 2).

En todos los casos, el candidato a las órdenes sagradas debe siempre incorporarse definitivamente al instituto antes de que tenga lugar la incardinación. De este modo, se resuelven los problemas relacionados con la sustentación y la sujeción a un superior. De hecho, la incardinación en los institutos religiosos implica salvaguardar que el clérigo ejerza su ministerio de forma permanentemente vinculada al instituto religioso, y que dependa de los superiores del instituto en todo lo que concierne a esta vinculación. En este sentido, la incardinación en un instituto religioso es particular con respecto a la diocesana, ya que solo concierne al vínculo con la realidad asociativa y no en cambio al aspecto de la determinación del ministerio, que constituye, sin embargo, el aspecto más esencial, puesto que se es ordenado para el ejercicio del ministerio. Esta determinación debe hacerse mediante la voluntad concordante de la respectiva realidad asociativa y de la diócesis u otra comunidad jerárquica.

ORIENTACIÓN BIBLIOGRÁFICA

C. J. ERRÁZURIZ M., *Curso fundamental sobre el derecho en la Iglesia*, I, Eunsa, Pamplona 2021, cap. IV y VIII; D. GUTIÉRREZ ANDRÉS, *Il diritto dei religiosi. Commento esegetico al Codice*, EDIURCLA, Roma, 1996²; L. NAVARRO, *Persone e soggetti nel diritto della Chiesa: temi di diritto della persona*, EDUSC, Roma 2017², cap. 7, pp. 163-188; V. DE PAOLIS, *La vita consacrata nella Chiesa*, ed. a cargo de Vincenzo Mosca, Marcianum Press, Venecia 2010.

EL GOBIERNO JUSTO EN LA IGLESIA

RESUMEN: 1. *El derecho al buen gobierno.* 2. *Las diferentes funciones de gobierno.* 3. *La actividad legislativa y la racionalidad (realismo) de la norma;* 3.1. La promulgación de la ley; 3.2. La racionalidad esencial de la ley; 3.3. Consecuencias de la racionalidad de la ley. 4. *Los principios jurídicos del gobierno administrativo.* 5. *El justo proceso judicial.* 6. Excursus: *Obediencia, libertad y justicia en la Iglesia.*

1. EL DERECHO AL BUEN GOBIERNO

La Iglesia, a través de su acción –de modo especial mediante la administración de medios salvíficos–, es el instrumento de la voluntad salvífica universal de Dios. La Iglesia tiene, por tanto, un fin institucional que alcanzar: la *salus animarum.* Para alcanzar este fin, es necesario ordenar el modo de distribuir los medios de salvación: organizar la actividad de los ministros de modo que cada uno sea responsable de un sector o grupo de fieles, declarar y determinar las condiciones para recibir los sacramentos y, por tanto, verificar si se han cumplido, y muchos otros aspectos de este tipo. La actividad de los fieles también debe ordenarse de modo que redunde en beneficio de la salvación de las almas, por lo que, entre otras cosas, deben tomarse precauciones ante cualquier conducta perjudicial para la comunidad y, por tanto, deben juzgarse las acciones y adoptarse las medidas coactivas oportunas para evitar efectos indeseables. En una palabra, la Iglesia, como cualquier otra sociedad, necesita ser gobernada para alcanzar su fin.

El gobierno de la Iglesia es, pues, una necesidad. También hay que tener en cuenta que fue el propio Fundador quien encomendó a los Apóstoles y a sus sucesores la misión de gobernar, dándoles la potestad de atar y desatar. Esta potestad no es otra cosa que la capacidad de prestar un servicio, el de dirigir a la comunidad hacia su bien.

Siendo una necesidad de la comunidad y teniendo una Jerarquía constituida, el gobierno eclesiástico tiene la capacidad de vincular a los miembros de la Iglesia. La organización de la administración de los bienes salvíficos, el orden previsto para conducir a la comunidad hacia su bien, no son meras ideas propositivas, sino decisiones que organizan, "gobiernan" realmente la Iglesia. Los actos de gobierno son, por tanto, actos constitutivos de derecho: atribuyen competencias a los individuos, determinan el deudor y el modo de ejercicio de los derechos fundamentales, definen los derechos de la comunidad respecto al comportamiento de sus miembros, etc. En la medida en que los actos de gobierno constituyen nuevos derechos (de los individuos o de la comunidad), establecen simultáneamente los deberes jurídicos respectivos. En resumen, los actos de gobierno son jurídicamente vinculantes.

La dimensión jurídica del gobierno eclesiástico no se agota en su capacidad de generar derechos y deberes. En efecto, puede observarse que el propio gobierno, al ser una función necesaria para la consecución del fin institucional de la Iglesia, es un derecho de los fieles. De la consideración del derecho de los fieles a recibir los medios de salvación se deduce el derecho a ser gobernados. Los titulares de la potestad de gobierno tienen derecho a ser respetados en su posición y función de gobierno, pero también tienen el deber jurídico de ejercer su función en beneficio de la comunidad.

Aunque no figure expresamente en la enumeración codificada de los derechos fundamentales, los fieles tienen derecho al buen gobierno; de hecho, muchos derechos y disposiciones que regulan el ejercicio de la potestad eclesiástica tienen su fundamento en este derecho. Además, gran parte de la doctrina canonística habla del derecho al buen gobierno, utilizando así una expresión tradicional, aunque no sea del todo exacta. En realidad, con la expresión "buen gobierno" se quiere indicar que no basta con que se ejerza la función de gobernar, ni siquiera con que las acciones individuales de gobierno sean jurídicamente legítimas, sino que el derecho a ser gobernados exige que los titulares de la potestad de gobierno practiquen el arte de gobernar al menos en una medida razonablemente exigible, es decir, que utilicen los medios que los hombres han ideado para gobernar adecuadamente una sociedad. Se trata, pues, del derecho al gobierno ejercido de manera razonable según el arte humano relativo a esta actividad. El objeto de la presente Lección es precisamente desarrollar lo ya apuntado en la anterior sobre los derechos de los fieles en relación al gobierno eclesiástico.

Existe, en efecto, el arte de gobernar, que es un saber práctico, un saber hacer. Quien tiene la función de gobernar debe poseer el arte de realizarla. El primer deber de un gobernante es, por tanto, adquirir la formación necesaria para desempeñar su función. Además, debe ejercitar las virtudes necesarias para dirigir a la comunidad, especialmente la prudencia para identificar correctamente el fin concreto que debe alcanzarse y elegir los medios eficaces.

Hay que tener en cuenta que gobernar es ordenar conductas humanas, personas libres. Por tanto, el gobierno legítimo genera deberes jurídicos, es decir, deberes de conducta humana libre. Puesto que se trata de ordenar conductas libres, la eficacia del gobierno no solo se medirá por la consecución de determinados resultados, sino que depende también del grado de convicción generado en la comunidad, de modo que el sistema coercitivo, aunque útil, no es decisivo; el buen gobierno no puede depender únicamente del aparato sancionador. Y, puesto que se trata de mover las conductas libres, para gobernar no bastará con organizar, con poner orden, sino que será necesario conducir la libre acción de los miembros de la comunidad. Para ello, la actividad de gobierno no podrá limitarse a tomar decisiones, sino que tendrá que motivarlas, explicarlas y acompañarlas de las oportunas informaciones y exhortaciones.

Forma parte del buen gobierno prever ciertas medidas que garanticen de antemano, en la medida de lo posible, el correcto desempeño de la función de gobierno. Por ello, las legislaciones suelen regular la actividad de gobierno, estableciendo requisitos de idoneidad que deben cumplir quienes van a ejercer el gobierno, procedimientos y formalidades para la emanación de determinados actos de gobierno que garanticen su imparcialidad y la prudencia en la toma de decisiones.

Por ejemplo, al exigir que un determinado acto de gobierno se realice por escrito, se garantiza que los actos de gobierno tengan la característica de la certeza y no sean el resultado de una decisión precipitada comunicada verbalmente. Al estipular que determinadas decisiones deben ir precedidas de la escucha de la opinión de una determinada persona o colegio, se garantiza de algún modo la prudencia de la elección.

2. LAS DIFERENTES FUNCIONES DE GOBIERNO

Analizando la función de gobierno, se observa que para dirigir una sociedad de forma vinculante es necesario organizarla y regular las actividades de sus miembros, juzgar las situaciones y tomar decisiones concretas de actuación. Así, se observa que la función de gobernar engloba la actividad de dictar normas generales para ordenar la vida social (función legislativa), juzgar de forma vinculante los conflictos surgidos (función judicial) y decidir medidas singulares encaminadas al bien común (función administrativa). Partiendo de esta observación, hablamos de la división tripartita de funciones.

Como es bien sabido, en los Estados modernos la separación de los poderes legislativo, judicial y administrativo se ha presentado como un principio necesario para garantizar el gobierno justo de la sociedad, sobre todo porque esta distinción beneficiaría el control recíproco de las distintas instancias de poder y permitiría someter el gobierno administrativo y la actividad judicial a la ley (principio de legalidad), es decir, a una norma general y objetiva, válida para todos y establecida de antemano. Más allá de las observaciones críticas que podrían hacerse sobre este planteamiento (en la medida en que olvidaría que el origen último del poder es en realidad siempre el mismo y en la medida en que la garantía de gobierno justo ofrecida descansaría únicamente en un equilibrio de poder y en el derecho positivo, cayendo así en el legalismo), inmediatamente hay que observar que en la Iglesia los órganos originarios de la potestad tienen toda la potestad eclesiástica (los obispos en sus respectivas circunscripciones y el Papa para la Iglesia universal), que incluye en sí misma las tres funciones. Además, aunque estas tres funciones puedan distinguirse en abstracto, la distinción en cuestión no siempre es nítida; en la práctica hay sentencias que conducen inevitablemente a medidas de gobierno, actividades administrativas que requieren un juicio previo y, sobre todo, para que un órgano de poder cumpla su propia función, a menudo debe ejercer también otra función distinta (el órgano judicial debe administrar la organización judicial, la autoridad administrativa debe dar normas generales para la aplicación de las leyes, etc.).

No obstante estas limitaciones al principio de diversidad de funciones, la desconcentración del poder se ha percibido como una exigencia del buen gobierno (ya Moisés tuvo que utilizar a los jueces para los casos ordinarios, reservándose solo los más graves o difíciles) y se ha llegado a la conclusión de que es conveniente que en esta desconcentración se distingan las tres funciones, de modo que los órganos subordinados a aquellos primarios (en la práctica de la Iglesia, los vicarios en las circunscripciones eclesiásticas y los dicasterios y tribunales en la Curia romana) tengan una sola función. Esto es así por razones de practicidad y eficiencia, pero también para garantizar de alguna manera el justo ejercicio del poder. De hecho, el principio de legalidad (que exige que la actividad judicial y administrativa estén sujetas a la ley), si se toma no como un principio supremo (el principio supremo sería el de justicia, más que el de ley positiva) sino como un principio instrumental, ayuda a evitar muchos abusos que podrían surgir en el ejercicio de las funciones administrativas y judiciales.

Tanto es así que en el primer Sínodo de los Obispos, el de 1967, se aprobó como principio inspirador del Código que se promulgó más tarde, en 1983, el de distinguir las tres funciones y definir qué función debían ejercer los distintos organismos.

3. La actividad legislativa y la racionalidad (realismo) de la norma

3.1. *La promulgación de la ley*

La función legislativa consiste en establecer el orden que debe seguirse en la organización y la vida de una sociedad. Tratándose del establecimiento de normas que deben seguir, entre otras, las demás funciones de gobierno, la función legislativa ocupa un lugar primordial. Así, en las sociedades democráticas, se pretende que el órgano legislativo sea directamente representativo del pueblo. En la Iglesia, la potestad legislativa es ejercida por los órganos originarios del poder (el Romano Pontífice, los obispos y los prelados equivalentes a ellos en sus respectivas circunscripciones), hasta tal punto que, en principio, salvo en el caso del Papa, ni siquiera es posible delegar esta potestad (c. 135 § 2).

En la Iglesia, a diferencia de lo que ocurre en la sociedad civil, el ejercicio de la potestad legislativa no está regulado, entre otras cosas porque suele ser ejercida por un órgano unipersonal. En cualquier caso, el ejercicio de esta función requiere, como en todas las actividades humanas, un saber hacer, en concreto el arte de legislar, que exige una cuidadosa consideración de las circunstancias sociales, la identificación del posible fin a alcanzar y de los medios adecuados para facilitar su consecución, la consideración de los derechos previos implicados, así como una cuidadosa redacción del texto legal mediante el que se pretende fijar la comunicación. Por todo ello, antes de emanar una ley, el legislador deberá estudiar bien el asunto, consultar con expertos en la materia que se va a ordenar y con juristas que le señalen los derechos previos que deben respetarse y las consecuencias jurídicas del orden que se quiere establecer. De hecho, la actividad legislativa es mucho más lenta en su producción que la actividad del gobierno administrativo, que a menudo requiere una acción inmediata y urgente.

En algunos casos, como para las normas emanadas por las Conferencias Episcopales y para las normas generales y abstractas, aunque sujetas a leyes, dictadas por órganos administrativos, existe un procedimiento de emanación (discusión, votación, control por otro organismo).

La función legislativa consiste en emanar leyes. La ley, según la definición ya clásica de Santo Tomás, es la «rationis ordinatio ad bonum commune ab eo qui curam communitatis habet promulgata» (S. Th., I-II, q. 90, a. 4): un orden racional (ideado por la razón práctica) que permite alcanzar el bien de la comunidad, establecido por la autoridad competente y debidamente promulgado, es decir, comunicado oficialmente, de manera inequívoca, a las personas a las que va dirigido.

La ley, por tanto, es esencialmente un orden previsto por el legislador y comunicado a su destinatario; en el caso de la ley en sentido estricto y técnico, la comunicación se realiza mediante un texto escrito. Es esencial, por tanto, que la ley sea promulgada. No hay que confundir, sin embargo, el contenido del mensaje con el mensaje mismo: la ley no es un texto, sino un orden (comunicado a través de un texto).

> Dado que la ley es un orden comunicado a la comunidad, una de las características de la buena ley es que se comunique con claridad. Parte de la claridad es la forma en que se promulga la ley, para que no sea ambigua y se pueda estar seguro de qué leyes están en vigor. Aquí es donde la praxis legislativa de la Iglesia podría mejorar mucho.
>
> Dado que la ley es un orden positivo, debe ser conocido previamente por el destinatario para que sea vinculante. Por ello, además de la necesaria promulgación, existe un período de *vacatio legis* consistente en un tiempo durante el cual se suspende la eficacia de la ley para que el destinatario pueda conocerla y adaptarse a la nueva norma. El Código de Derecho Canónico (c. 8) prevé una *vacatio* de tres meses para las leyes universales y de un mes para las leyes particulares, salvo que el legislador prevea un plazo mayor o menor al promulgar la ley; esta facultad discrecional del legislador para modificar el tiempo de *vacatio* debe ejercerse de forma razonable, respetando la necesidad esencial de disponer de un cierto tiempo para conocer y poder seguir el nuevo orden legal.

3.2. *La racionalidad esencial de la ley*

Para que muchos elementos alcancen un fin determinado, deben estar dispuestos en un orden determinado. La promulgación de la ley fija el orden que deben seguir los miembros de la comunidad para alcanzar un determinado bien común. Por ejemplo, para conseguir el bien consistente en la decisión colegial tomada por un grupo de personas, es necesario disponer el modo en que se ha de convocar el colegio, el orden en que se han de realizar las intervenciones, el procedimiento de votación; para distribuir el sacramento de la confirmación, será necesario indicar el tipo de catequesis previa que se ha de recibir, quién se ha de encargar de impartirla, y otros muchos detalles por el estilo. Al ser un orden necesario, una vez establecido genera derechos (regula derechos fundamentales, distribuye bienes, asigna competencias) y, por tanto, deberes jurídicos.

La creación de un orden depende de tres factores: el fin al que se dirige el orden, la naturaleza de los elementos a ordenar y la libre decisión de quien ordena. Suponiendo la libre voluntad del legislador (y consciente de la insuficiencia de su sola voluntad), para que la ley sea realmente ley, es decir, orden, debe estar dirigida al bien común (que debe estar en consonancia con el fin último de la sociedad, que para la Iglesia es la *salus animarum*), de lo contrario no será un orden jurídicamente vinculante. Al mismo tiempo, no basta con indicar el fin justo, sino que el orden debe ser adecuado a la realidad ordenada, sobre todo a la naturaleza y dignidad del hombre (respetando así los derechos naturales) y, en la Iglesia, a la naturaleza de las realidades eclesiales fundadas por Cristo, así como a la realidad histórica concreta determinada por las circunstancias. Una ley que no se adapta a esta realidad no es una verdadera ley porque no contiene un "orden": el desorden no ordena, no obliga. Uno puede verse obligado a seguir una "ley" que solo es ley en apariencia, pero que en realidad no lo es: uno está obligado, pero no "jurídicamente" obligado: *non est ius, sed vis et iniuria*.

La ley no es, sin embargo, una mera idea de un orden posible, sino que es el orden decidido por el legislador y, por tanto, vinculante. Es vinculante por dos razones que deben existir simultáneamente: tanto porque es un orden –y es necesario seguir un determinado orden para alcanzar determinados fines–, como porque es el previsto precisamente por aquel cuya función es señalar el orden. La razón de su fuerza vinculante, por tanto, no reside únicamente en la pura voluntad del legislador, por el mero hecho de ser "superior" con potestad, como si la decisión del legislador vinculara aunque no fuera un orden (que es la tesis del voluntarismo), sino que la razón de la fuerza vinculante de la ley reside en las dos razones señaladas, que deben darse simultáneamente. Del mismo modo que un orden ideado por quien no tiene la función de ordenar la sociedad sería una idea o una propuesta, pero no un orden vinculante, tampoco el texto promulgado por el legislador que no contenga un "orden" sería jurídicamente vinculante. Es importante reiterar esta idea: si lo que el legislador emana no fuera un orden, no obligaría, no "ordenaría", precisamente porque no es un orden y porque el mandato establecido estaría fuera de la función del legislador, que es solo la de ordenar, y no la de disponer a su antojo de la comunidad (Hervada).

El voluntarismo legislativo querría aplicar hasta sus últimas consecuencias la máxima del derecho romano imperial «quod principi placuit legis habuit vigorem» (*Dig.*, 1.4.1). Por el contrario, hay que afirmar que el "príncipe", es decir, el legislador, tiene un dominio, un poder, de ejercer la función de legislar, pero no un dominio absoluto sobre la sociedad, ni sobre la función de legislar misma, hasta el punto de permitirle modificar su contenido. La voluntad del legislador solo tendrá fuerza de ley si lo que se quiere es realmente una ley, es decir, un orden. El voluntarismo conduce a la concepción legalista y positivista del derecho, que considera que lo establecido por el legislador es derecho por el mero hecho de proceder de la autoridad.

Curiosamente, esta visión legalista del derecho ha tenido un cierto éxito en canonística (en gran parte por influencia de la doctrina de Francisco Suárez), quizá para enfatizar la autoridad del legislador y la sacralidad de su potestad. Sin embargo, hay que recordar que la sagrada potestad implica la capacidad de conducir a la Iglesia hacia el bien, pero en modo alguno incluye el dominio arbitrario sobre la Iglesia. El texto promulgado que no contenga un orden hacia el bien común no es ley, por mucho que lo haya querido el legislador investido de potestad sagrada («alioquin voluntas principis magis esset iniquitas quam lex» [S. Th., I-II, q. 90, a. 1, ad 3]).

Puesto que la ley es un orden, que presupone la previsión del fin y de la medida de las cosas ordenadas, es algo captado por la razón. Por eso Santo Tomás especificó en su citada definición de la ley que se trata de una «rationis ordinatio», aunque haya sido querida por el legislador, es decir, aunque haya intervenido la voluntad. Esta concepción del derecho se conoce con el nombre de *intelectualismo*, frente a la denominada *voluntarismo* (seguida por Suárez), que ve en la esencia de la ley, más que orden, el acto de imperio de la voluntad del superior. Más allá de las cuestiones antropológicas sobre la génesis del acto legislativo y de aquellas teológicas sobre la ley divina que plantea la polémica entre intelectualismo y voluntarismo, es necesario afirmar que no se puede discernir otro fundamento plausible para la eficacia constitutiva del derecho (y, por tanto, del deber jurídico) por parte de la ley sino el de que la ley es el orden necesario para la vida de la comunidad establecido por quien tiene la función de ordenar, mientras que no es satisfactoria la tesis que ve la razón de la obligación jurídica de cumplir la ley en el acto de imperio por parte de quien es considerado "superior": la autoridad no tiene dominio sobre los miembros de la comunidad sino solo sobre el ejercicio de la función de gobernar, por lo que su voluntad al margen de ese ejercicio no puede crear un vínculo jurídico de sujeción. Mientras que el intelectualismo concibe la obligación legal como una exigencia de justicia derivada de la necesidad del orden social, el voluntarismo deja a los miembros de la comunidad a merced del capricho del "superior".

La necesidad de que la ley sea consonante con el fin último de la sociedad y adecuada a la realidad ordenada se conoce como racionalidad de la ley, considerada con razón una característica esencial de la ley. Racionalidad no significa que la ley sea el resultado de un razonamiento elaborado independientemente de la realidad ordenada, sino que, por el contrario, significa que es el resultado de la operación intelectual de haber comprendido la realidad y haber previsto el fin. En otras palabras, la característica de la racionalidad de la ley (expresamente recordada por el legislador canónico a propósito de la obligatoriedad de la costumbre canónica) significa la necesidad esencial de que la ley se adapte a la realidad, es decir, la racionalidad es el necesario realismo de la ley.

3.3. *Consecuencias de la racionalidad de la ley*

La irracionalidad (falta de realismo) que hace nula jurídicamente la ley es la que, en lugar de establecer un orden, crea un desorden. Una "ley irracional" (que en sentido estricto es una *contradictio in terminis)* es nula.

La mera perfectibilidad o el hecho de que la opción legal sea cuestionable no convierte a una ley en irracional. La irracionalidad puede darse por desviación del fin, por contrariedad a la "naturaleza" de las cosas y de las personas, así como por inadecuación a las circunstancias históricas de la comunidad, hasta el punto de que una ley que era racional en el momento de su promulgación puede convertirse en irracional por el cambio de las circunstancias (la llamada cesación de la ley *ab intrinseco*). Es este aspecto del derecho el que explica el fenómeno de la normatividad de la costumbre, también reconocido en la Iglesia: el orden establecido por la propia comunidad (guiada por su autoridad), al ser un orden que conduce al fin último, es obligatorio, constitutivo de derechos y deberes jurídicos. Puesto que es función del legislador ordenar, puede establecer condiciones para el reconocimiento formal de la normatividad de la costumbre, como ha hecho el Código de Derecho Canónico en los cánones 23 a 28.

Puesto que la ley es un orden, la interpretación de la ley es la operación intelectual para descubrir el orden que se transmite en el texto, siendo insuficiente el conocimiento del significado del mero texto. Y como el orden depende de la realidad ordenada, la interpretación debe tener en cuenta, como principal criterio hermenéutico, la naturaleza de la realidad regulada, como recordó Benedicto XVI a la Rota en un discurso en 2012. Por ejemplo, si se trata de una ley sobre el matrimonio, lo decisivo para su interpretación será la naturaleza del matrimonio, y si se trata de una norma sobre la regulación de los institutos religiosos, habrá que tener en cuenta la esencia de la vida religiosa.

El Código de Derecho Canónico, debido a los condicionamientos culturales de la época en que fue promulgado por primera vez en 1917, estableció normas sobre la interpretación de la ley orientadas únicamente a descubrir el sentido literal del texto legal. Esto ha influido negativamente en la canonística posterior, que se ha centrado únicamente en el examen del texto legal, y ha provocado una imagen distorsionada de la ciencia canónica, como si consistiera en el estudio de las leyes (entendido, además, como exégesis del texto normativo), en lugar de la *iusti atque iniusti scientia* en la Iglesia. Por otra parte, hay que tener en cuenta que las normas codiciales sobre la interpretación de la ley son también leyes y, por tanto, para su interpretación hay que tener en cuenta qué son la ley y la interpretación legal, lo que lleva a la conclusión de que estas normas son válidas para descubrir el sentido semántico del texto legal, obligando sobre todo al propio legislador, que debe elegir cuidadosamente las palabras de la ley, pero no se puede detener en el examen del texto, ya que la interpretación exige descubrir el contenido del mensaje, es decir, el orden establecido.

> Por otra parte, el jurista no es el experto en el análisis exegético de los textos legales porque lo que le interesa es conocer el orden establecido, y no porque sea el objeto principal de su interés, sino solo en la medida en que es un título de los derechos que debe indicar.

El orden lo establece la ley para la generalidad de los casos y de forma abstracta (que abstrae, no considera, las circunstancias de los casos concretos). Puede ocurrir, en efecto, que en una determinada circunstancia la regla general, aunque racional en abstracto, en la generalidad de los casos, sea inadecuada en un preciso momento histórico. Puede suceder, en efecto, que en un determinado caso la justicia (vista desde sus principios superiores) exija una solución distinta de la prevista (razonablemente) por la ley para la generalidad de los casos: en tal hipótesis la virtud de la justicia (*epieikeia*, equidad) exige una excepción a la ley precisamente porque lo que no es posible es hacer una excepción a la justicia.

El discurso de la racionalidad de la ley y de la equidad, lejos de introducir un elemento subjetivista de inseguridad, es una apelación a la realidad y se apoya en la certeza de la objetividad de la realidad, más que en la astucia de un texto fácilmente manipulable.

4. Los principios jurídicos del gobierno administrativo

Además de fijar las reglas de la actividad social y definir las estructuras organizativas, gobernar una comunidad comporta tomar las decisiones concretas de confiar tareas y cargas a los individuos en casos concretos, ordenar hacer o no hacer algo, crear un organismo, aprobar una iniciativa, etc. Esta es la función del gobierno administrativo, que es el que afecta directamente a personas determinadas.

Dado que la actividad administrativa del gobierno se traduce en decisiones concretas sobre casos individuales, a menudo adoptadas de forma inmediata, el riesgo de que se produzca una desviación respecto al fin último o un abuso de poder es mayor que en el ejercicio de la función legislativa. Precisamente por ello, es una medida de buen gobierno que la misma ley prevea la regulación del ejercicio de la función administrativa de gobierno, para evitar en lo posible que cualquier abuso de poder lesione los derechos de los fieles. Además, como ya se ha dicho, el principio de legalidad, en virtud del cual la actividad administrativa debe someterse a la ley, es un instrumento útil, siempre que no se convierta en un principio absoluto y último.

El principio de legalidad implica que los actos administrativos deben ser conformes a la ley, de modo que un acto contrario a ella se consideraría ilegítimo y podría solicitarse su rescisión o declaración de nulidad. Ciertamente ofrece una gran seguridad saber que los actos de gobierno no pueden ser contrarios a la ley, aunque el criterio último no es el de la legalidad, sino el de la justicia. Por otra parte, dado que la ley, como ya se ha explicado, es un orden general previsto en abstracto, también la función administrativa deberá actuar contrariamente en supuestos excepcionales a lo previsto para los casos generales. En efecto, la misma legislación canónica prevé las instituciones del privilegio (cc. 76-84), que puede contener un estatuto singular al margen de la ley o incluso contrario a ella, y de la dispensa (cc. 85-93), es decir, la exoneración de una obligación o una prohibición legal en un caso concreto en el que existe una causa justa, es decir, una causa que justifica la excepción. Se trata de disposiciones singulares que flexibilizan la norma general y que se justifican cuando existen razones justas que prevalecen sobre la regla general, la cual sigue siendo válida para el resto de los casos.

Además del contenido de las acciones individuales del gobierno, el principio de legalidad informa otros aspectos de la función administrativa. Sobre todo, la ley debe prever la estructura de gobierno, distribuyendo las competencias. En este sentido, en la dimensión universal de la potestad, el Papa cuenta con una curia en la que las competencias de los distintos dicasterios se distinguen no solo por área geográfica o por materia, sino también por función, aunque sería deseable que en el futuro se definiera mejor. Dentro de los distintos dicasterios existe una jerarquía interna y, por tanto, una distribución de poderes y competencias. Por lo que se refiere al nivel diocesano, el Código de Derecho Canónico (c. 475) establece que siempre debe haber un vicario general, es decir, un oficio que hace las veces del obispo diocesano y tiene potestad ejecutiva general, salvo lo que se haya reservado expresamente al obispo; además, puede haber uno o varios vicarios episcopales, que tienen potestad ejecutiva para una parte de la diócesis o para un tipo específico de asuntos (c. 476). Además de todo esto, existen normas que regulan la posibilidad de delegar la potestad ejecutiva.

Además, la ley puede adoptar medidas preventivas para garantizar (siempre en la medida de lo posible) el correcto desempeño de la función administrativa del gobierno, estableciendo un determinado procedimiento para la emanación de los actos y una formalidad concreta. Con el fin de elegir los medios adecuados para alcanzar el bien común en una situación individual, las decisiones de gobierno deben regirse por la virtud de la prudencia. En última instancia, la justicia y oportunidad de una decisión de gobierno dependerá de la virtud personal del titular de la potestad, aunque la previsión de un determinado procedimiento sirve para encauzar el ejercicio de las virtudes del gobernante (Canosa), al igual que ocurre con las normas sobre la formalidad de los actos.

La legislación canónica en esta materia es más bien escasa, pero al menos esboza los rasgos esenciales de cómo debe ejercerse la función administrativa. Así, por ejemplo, el canon 50 establece el principio de que antes de dictar un decreto singular (es decir, acto de la autoridad ejecutiva competente por el que se toma una decisión o se hace una provisión) la autoridad debe recabar la información y las pruebas necesarias y, en la medida de lo posible, escuchar a aquellos cuyos derechos puedan verse afectados (c. 50).

La formalidad de la emanación ofrece también una cierta garantía de buen gobierno, ya que redunda en beneficio de la claridad y seguridad jurídica. En este sentido, se establece, entre otras cosas, que los actos de gobierno relativos al foro externo serán consignados por escrito (c. 37) o, cuando una razón muy grave se oponga a la entrega del texto escrito, que se leerá al interesado ante notario o dos testigos, debiendo ser firmadas las actas por los presentes (c. 55).

En cualquier caso, estas normas no servirían de nada si el interesado no pudiera oponerse a cualquier acto administrativo considerado injusto o inadecuado. Por ello, uno de los principios de la redacción del Código emanado en 1983, propuesto por el citado Sínodo de 1967, fue la necesidad de prever un mecanismo de recursos administrativos para defender los derechos de los fieles frente a los abusos de poder. La posibilidad de recurrir a otra autoridad no garantiza absolutamente la justicia del gobierno, pero ciertamente la facilita.

Actualmente, existe el llamado recurso jerárquico administrativo, que consiste en remitir el asunto administrativo a la autoridad superior (cc. 1732-1739). "Quien se considera perjudicado por un decreto, puede recurrir por cualquier motivo justo al Superior jerárquico de quien emitió el decreto" (c. 1737 § 1). El Superior juzgará la oportunidad y legitimidad del acto impugnado y, por tanto, puede confirmarlo o declararlo inválido, o bien rescindirlo, revocarlo, corregirlo, subrogarlo (añadiendo alguna disposición) o abrogarlo (desde el momento de la abrogación) (c. 1739); en otras palabras, el Superior asume el examen de toda la cuestión controvertida y toma la decisión administrativa que considera justa y oportuna en relación con el bien común y el bien particular del interesado.

Según el sistema actual, una vez agotada la vía jerárquica administrativa (cuando la última decisión ha sido adoptada por un Dicasterio de la Curia romana, es decir en nombre del Papa y por tanto sin que exista ninguna autoridad administrativa superior más allá del propio Romano Pontífice), si el interesado sigue considerando que el acto final es ilegítimo (y por tanto injusto) podrá defender su derecho interponiendo la correspondiente demanda de declaración de nulidad o de ilegitimidad del acto por infracción de ley en la tramitación del acto o en la decisión adoptada (*violatio legis in procedendo vel in decernendo*) y, en su caso, de reparación del daño sufrido, ante el Tribunal Supremo de la Signatura Apostólica, que no examina el asunto para adoptar otras medidas de gobierno, sino que se limita a pronunciarse sobre la legitimidad del acto impugnado del Dicasterio de la Curia Romana y, si se le solicitara, la reparación del daño injusto.

En efecto, el sistema ahora descrito tiene por objeto proteger a los fieles de cualquier abuso de poder o de cualquier desviación de la potestad administrativa. Sin embargo, en la práctica, el sistema está resultando bastante engorroso y poco práctico para la tutela efectiva de los derechos de los fieles (es necesario conocer el mecanismo de los recursos para poder beneficiarse de ellos, ante la decisión del obispo es necesario remitir el recurso a la Curia Romana con las dificultades que la distancia puede suponer para presentar todos los argumentos y pruebas necesarios para que la decisión sea justa, y solo después de este largo proceso es posible llevar el caso ante el tribunal administrativo ante el que surgen las mismas y otras dificultades...). Por otra parte, también es necesario garantizar el derecho de los fieles al buen gobierno no solo ante medidas singulares que puedan afectarles directamente, sino también en relación con el funcionamiento general de la comunidad.

En efecto, además del perfeccionamiento del sistema de justicia administrativa, se constata la importancia de promover una verdadera cultura jurídica sensible al respeto de los derechos de los fieles.

5. EL JUSTO PROCESO JUDICIAL

Ser sujeto de derechos fundamentales conlleva a su vez el derecho fundamental a reclamar y defender esos derechos. El canon 1491, de hecho, proclama el principio de que todo derecho está protegido por una "acción" (término que aquí significa la facultad de acudir ante un juez para pedir la tutela jurídica de un derecho), y por una "excepción" (es decir, la facultad de defender el derecho ante quien lo reclama en una sentencia). Por su parte, el canon 221 § 1 reconoce el derecho de los fieles a "reclamar legítimamente los derechos que tienen en la Iglesia, y defenderlos en el fuero eclesiástico competente conforme a la norma del derecho".

El derecho a la tutela judicial (de los derechos) conlleva, prinicipalmente, el deber de la autoridad de organizar la administración de justicia en la medida de lo posible, de preparar, por tanto, al personal y de proporcionar los medios necesarios para administrar justicia a los fieles.

El juicio que tutela un derecho concreto requiere un proceso. Si se recurre a la tutela judicial es porque ha surgido una duda sobre un derecho, una controversia entre quien afirma un derecho y quien lo niega. Se establece así una relación entre dos partes en conflicto y el juez. Por naturaleza, el hombre necesita reunir los datos necesarios, comprobarlos, compararlos y razonar antes de emitir un juicio sobre la existencia y la extensión de un derecho. En resumen, no solo se tiene derecho a una sentencia judicial justa, sino también a un justo proceso.

El derecho a un proceso justo exige al juez una serie de requisitos para garantizar un recto juicio. Debe ser independiente de cualquier instancia cuando ejerza su función de juez. Debe ser imparcial, sin ninguna conexión especial con una de las partes que lo distinga de su relación con la otra. Una forma de garantizar la independencia e imparcialidad del juez es que el oficio de juez sea estable y esté preconstituido, de modo que las partes sepan de antemano quién las juzgará. Además, es necesario que el juez tenga los conocimientos profesionales necesarios para desempeñar este importante oficio.

Es evidente que es más fácil que un solo juez se equivoque, aunque reúna las condiciones antes mencionadas, a que lo haga un colegio de tres o más personas con las mismas características que decide por mayoría. Por eso la ley eclesiástica, como medida de buen gobierno, prevé que determinados casos de mayor importancia o dificultad –como la mayoría de las sentencias sobre la validez del matrimonio o determinadas causas penales de especial gravedad– sean resueltos por un tribunal colegial.

Dada la falibilidad humana de los juicios, parece también una exigencia de buen gobierno prever al menos una segunda instancia para juzgar el mismo caso si la resolución judicial no satisfizo a una de las partes. También por esta razón es necesario que la sentencia esté motivada, de modo que sea posible conocer cuáles fueron los argumentos que condujeron a la decisión judicial, lo que podría permitir discernir defectos de apreciación o de argumentación que servirían de base para solicitar su corrección en una instancia ulterior.

Además de las condiciones del juez, el derecho a un proceso justo incluye el derecho a intervenir en él para defender eficazmente los propios derechos. Se trata, en definitiva, de tutelar el importante derecho de defensa, que se manifiesta, entre otras cosas, en el derecho a una defensa técnica (es decir, asistida por un abogado), el derecho a conocer los argumentos y pruebas de la parte contraria y el derecho a alegar y a proponer pruebas. Todo ello, respetando el principio de igualdad de las partes en el proceso.

El proceso judicial, como cualquier proceso, está marcado por el tiempo. La ley procesal también regula los aspectos cronológicos para dar tiempo suficiente a defender los propios derechos y para evitar al mismo tiempo retrasos innecesarios: "justicia retardada, justicia denegada".

Todos estos principios y otros son objeto de estudio del derecho procesal. No hay que ver esta rama de la ciencia jurídica como un conjunto de normas meramente formales, ya que detrás de la complejidad del proceso están en juego importantes derechos de la persona. Los requisitos procesales no pueden despreciarse como si fueran formalidades innecesarias que

dificultan la adopción de determinadas medidas, ya que no son meras formalidades, sino formas que protegen derechos sustanciales.

Actualmente en la Iglesia, como consecuencia de la situación de emergencia
creada por el descubrimiento de numerosos y graves escándalos, y a veces
porque no se han captado las exigencias de justicia que subyacen en las leyes
procesales, no se respetan en las causas penales todos los principios procesales
aquí mencionados, con lo que se corre el riesgo de cometer injusticias y de no
administrar justicia en una materia tan delicada como el derecho penal.

6. *EXCURSUS*: OBEDIENCIA, LIBERTAD Y JUSTICIA EN LA IGLESIA

Las consideraciones anteriores podrían ofrecer una imagen conflictiva
de la vida eclesial, muy alejada del ideal evangélico. Que el ideal es que no
haya conflictos es obvio, pero sería poco realista, e incluso teológicamente
incorrecto, prescindir del elemento humano presente en la vida de la Iglesia.
No es de extrañar, por tanto, que puedan surgir dudas y controversias entre
los fieles y entre las autoridades y los fieles. El modo de superar tales situaciones es precisamente buscar una solución justa (recurriendo a quienes
tienen la función de velar por la justicia en la vida de la Iglesia), en lugar de
dejar que continúen como si no pasara nada; es la justicia la que producirá
la paz, es decir, la tranquilidad en el orden, ya que todo estará en su sitio
al haberse dado a cada uno lo que le correspondía: *opus iustitiae pax*. Por
tanto, los esfuerzos por hacer justicia dentro de la Iglesia, lejos de dificultar
la communio, la facilitan.

Por supuesto, hay que evitar los conflictos. La ley eclesiástica prevé
ciertos mecanismos para evitarlos. No obstante, es mejor buscar una solución justa a través de los cauces previstos para ello que dejar que se consoli-
den situaciones injustas que ciertamente no benefician a la *salus animarum*.

Por otra parte, el ejercicio de la justicia y la reclamación de justicia pueden (y, moralmente hablando, deben) hacerse con caridad: se puede amar al
prójimo y pedirle que se comporte con justicia; es más, a veces tales exigencias constituyen un deber.

Los conflictos pueden surgir con motivo del ejercicio del gobierno. El
deber de obedecer el mandato emitido por las autoridades es de justicia

porque corresponde a la autoridad ejercer la necesaria función social de gobierno. Sin embargo, el deber de obedecer no es porque la autoridad sea "superior" como persona o como fiel (porque no lo es), sino porque tiene la función de guiar. Si, por el contrario, lo que produce no guía, tampoco hay obligación de seguirlo (a menos que no obedecer el mandato cause un daño mayor a la comunidad que seguir la orden recibida).

La religiosidad del deber de obediencia lleva a la persona a descubrir en el mandato recibido la voluntad de Dios. La virtud de la obediencia consiste en el hábito de querer cumplir la voluntad divina manifestada a través de sus representantes en la tierra. La caridad puede llevar a aceptar la injusticia de un precepto ilegítimo (siempre que no cause un daño injusto a terceros ni sea en sí mismo inmoral), pero no se tiene el deber jurídico de obedecerlo. A veces, sin embargo, la prudencia puede aconsejar poner en marcha todos los mecanismos previstos para hacer cumplir la justicia antes que sufrir la injusticia. En cualquier caso, sería un abuso de poder que la autoridad que emite el mandato controvertido pidiera obediencia religiosa para evitar que la autoridad superior lo juzgue.

La presencia del elemento jerárquico en la Iglesia no elimina la libertad de los miembros del Pueblo de Dios. Existe el deber jurídico moral de obedecer, es decir, de realizar el acto libre de someterse al mandato legítimo. El fiel que obedece libremente no limita su libertad, sino que la ejerce con justicia, pues de lo contrario crea un desorden injusto en la comunidad. De hecho, invocar la libertad para desobedecer el mandato legítimo es hacer daño a la comunidad y, muy a menudo, una manifestación de prepotencia injusta hacia los demás fieles, como sería el caso, por ejemplo, del sacerdote que comete un abuso litúrgico en una ceremonia pública.

Por el contrario, verse obligado a obedecer un mandato ilegítimo (un orden que en realidad es un desorden) sería un atentado contra la justa libertad. Ciertamente, existe la posibilidad de renunciar (libremente) a la reivindicación de un derecho sometiéndose al mandato ilegítimo en los casos en que ello no cause un daño injusto a terceros, quedando a salvo que frecuentemene la reclamación puede contribuir a una mejora del gobierno en la Iglesia.

De estas consideraciones se desprende fácilmente cómo el estudio atento y profundo del derecho conduce, sí, al respeto de la disciplina, pero entendida como orden justo, en un momento en el que se pone de manifiesto la necesidad de respetar los derechos de los fieles y su libertad. Mientras que apelar a una libertad ajena al derecho conduce al abuso injusto de la libertad de alguien a costa de los derechos de los demás, la reivindicación, en la forma correcta y ante la autoridad competente, de la justa libertad frente a los *ab-usos* de poder beneficia la edificación del Pueblo de Dios.

El estudio del derecho canónico, lejos de conducir a un formalismo rígido, lleva al respeto de la libertad de que gozan los hijos de Dios en la Iglesia. El abandono o, peor aún, el desprecio o el rechazo del derecho en la Iglesia conduce ineludiblemente a la sumisión a la ley del más fuerte. No es casualidad que Benedicto XVI escribiera estas palabras a los seminaristas el 18 de octubre de 2010: «Aprended también a comprender y –me atrevería a decir– a amar el derecho canónico en su necesidad intrínseca y en las formas de su aplicación práctica: una sociedad sin derecho sería una sociedad sin derechos. El derecho es condición del amor».

ORIENTACIÓN BIBLIOGRÁFICA

En esta Lección hemos tratado de forma muy general temas que la doctrina canónica ha tratado en profundidad. Dar cuenta de la bibliografía sobre estos temas no es posible en esta breve orientación ni sería útil para el alumno. En todo caso, en la obra de M. DEL POZZO (*La dimensione costituzionale del governo ecclesiastico*, Edusc, Roma 2020, pp. 99-124) se puede encontrar un tratamiento similar con algunas referencias bibliográficas útiles para quien desee profundizar en los temas.